KB102560

일본의 순환형사회 만들기,
무엇이 잘못되었는가

일본의 순환형사회 만들기,
무엇이 잘못되었는가

2012년 9월 3일 초판 1쇄 인쇄
2012년 9월 10일 초판 1쇄 발행

지은이 구마모토 가즈키
옮긴이 이승무
펴낸곳 합명회사 순환경제연구소
펴낸이 이승무
기 획 이정환
등 록 제313-2008-178 (2008. 10. 29)
주 소 (121-745) 서울 마포구 마포대로 63-8 삼창프라자빌딩 1522호
전 화 (02) 717-5528
팩 스 (02) 717-5510

ISBN 978-89-964487-2-3 03300

NIHON NO JUNKANGATASHAKAIDUKURI HA DOKOGA MACHIGATTE IRUNOKA?

ⒸKazuki Kumamoto, 2009
Originally published in Japan in 2009 by Godo-Shuppan Corporation Ltd., Tokyo.
Korean Traslation Copyright ⓒ 2012 by Cycle Economics Center, partnership

제작 및 유통 도서출판 동연(02-335-2630)

일본의 순환형사회 만들기,
무엇이 잘못되었는가

구마모토 가즈키 지음 | 이승무 옮김

이번에 졸저《일본의 순환형사회 만들기, 무엇이 잘못되었는가》
의 한국어판 출판을 보게 되어 대단히 고맙고 기쁘게 생각합니다.

일본의 환경정책은 표면상으로는 환경정책을 표방하고 있지만,
실제로는 산업진흥과 경제성장을 위한 정책이 많습니다. 그래서
이 책《일본의 순환형사회 만들기, 무엇이 잘못되었는가》는 이러
한 문제점을 지적하고 비판한 것입니다.

환경정책이 경제성장을 위한 정책으로 변질되는 배경에는 인간
과 환경보다 산업과 경제성장을 우선시하는 일본의 뿌리깊은 체
질이 있습니다. 그리고 일본이 과거에 한국에 크나큰 잘못을 범하
고, 불편을 끼쳐드린 것도 같은 체질에서 기인한다고 생각합니다.

그러한 역사를 가진, 바로 그 한국에서 졸저가 번역되어 읽혀진
다는 것은 무엇보다도 기쁜 일입니다.

제가 일본의 환경정책을 비판하는 것은, 일본을 인간과 환경이 소중히 여겨지는 사회로 변화시키고 싶다고 생각하기 때문입니다만, 본서가 한국과 일본을 그런 사회로 변화시켜가는 데서 조금이라도 도움이 된다면, 그만큼 기쁜 일은 없습니다.

출판을 기획하신 분들, 번역을 해 주신 분들, 편집에 관여하신 분들을 비롯하여 한국어판의 간행에 애쓰신 분들께 마음으로부터 인사를 올립니다.

끝으로 사적인 일이라 송구스럽습니다만, 도요토미 히데요시가 조선을 침공했을 때 강제 연행되어 온 저의 선조도 본서의 간행을 기뻐해 주시리라고 생각합니다.

2012년 7월 21일
구마모토 가즈키

이 책은, 2011년 도쿄 가스미가세키 행정부 청사에 있는 일본 환경성에 연구목적으로 방문한 후, 근처의 서점에서 자원순환 정책과 관련된 책 여러 권을 눈에 띄는 대로 구입하였을 때, 포함되어 있던 책이다. 일본은 한국의 환경정책 관련자들이 참고로 할 선행 사례를 얻기 위해서, 어떤 경우에는 그들의 제도를 거의 그대로 준거로 삼기 위해서, 문서자료나 직접 방문을 통해 배워야 할 나라로 여겨지고 있다. 일본은 지리적, 역사적, 언어적으로 가까운 나라인데다 20세기 초부터 식민지 지배, 자본주의적인 법과 경제제도의 도입 등을 통해 한국의 행정과 산업체제에 직·간접으로 많은 영향을 끼친 나라이기 때문이다.

정부 주도의 수출 중심 산업구조 아래에서의 급속한 성장과 급속한 소비 수준 향상은 쓰레기의 다량 발생을 가져왔고, 이 쓰레기를 적절하게 처리하는 것이 행정의 중대한 과제가 되어 왔다. 환경오염 문제에 대한 경각심이 높아진 시민들은, 관료주의적 행정과 토건자본의 밀착에 의한 소각장과 매립지의 과도한 건설에 저항하게 되었다. 쓰레기의 발생 억제, 재사용, 재생 이용을 통해 자원을 절약하고, 쓰레기의 처분 필요성을 최소화시키는 것은 이제 누구도 부정할 수 없는 상식적인 지향점이 되었다. 그리고 이러한 자원순환 정책의 내용을 채우는 데서 이웃 일본의 선행 사례가 많이 참조되어 왔다.

그러나 자원순환을 촉진한다는 정부의 정책과 관련된 전체적인 추진체계에서 산업의 편의와 외형적인 성과에 대한 고려를 우선시하는 관료적 행정이, 생산과 소비의 방식을 개혁하여 물자의 낭비를 줄이고 환경을 보전한다는 대의를 압도하여, 자원순환 관련 제반 정책과 법 제도를 왜곡하고 있지 않은가라는 의문을 그동안 많은 사람들이 암묵적으로 공유하고 있었다. 하지만 그 질문을 본격적으로 던지는 연구보고서나 책자를 한국에서는 찾아보기 어려운 상황이던 차에, 일본 사회에 그러한 취지의 문제 제기를 한 용감한 전문가의 책을 발견하게 되어 이를 우리나라에 소개하게 된 것이다.

한국의 자원순환 분야에서도 구마모토 가즈키 교수와 같은 생명 중심 사상을 가지고 정부와 산업을 견제할 수 있는 시민사회의 연구자와 활동가들이 많이 나와 한국사회에 문제 제기와 대안 제시하기를 바라는 마음에서 이 책을 번역하였다.

무엇보다도 이 책을 통해 연구자로서의 모범을 보여주고 용기를 준 구마모토 교수께 깊이 감사드리지 않을 수 없다. 그리고 어려운 운영 여건 하에서도 출판 계획에 동의했을 뿐 아니라 번역 원고를 읽고 조언해 준 연구소의 이정환 이사님, 손홍선 부소장님 그리고 출간의 모든 과정에서 관심과 격려를 아끼지 않으신 자원순환 거버넌스포럼의 장준영 공동대표님을 비롯한 여러분들께 감사드린다. 또한 책의 편집부터 발행까지 모든 일을 내 일처럼 도와주신 도서출판 동연의 김영호 사장님께도 깊은 감사를 드린다.

2012. 8. 15

이승무

다이옥신이 큰 사회문제가 된 1997년부터 순환형사회 원년이 된 2000년 이후, 그러고도 9년이라는 시간이 흘렀다. 그 사이에 다이옥신을 규제하는 법률과 순환형사회 관련 법률이 정비되고, 표면적으로는 오염대책도 순환형사회 만들기도 순조롭게 진행되고 있는 것처럼 볼 수 있다. 겉모습이 정비되어 가는 중에서도 시민 쪽에서는 현재 쓰레기 리사이클 문제와 순환형사회 만들기를 어떻게 파악하고, 어떠한 방향으로 노력해야 하는가에 대해 혼란이 계속되고 있다.

다른 한편 일본 산업계와 국가는 명확히 '산업정책으로서의 순환형사회 만들기'를 진행하고 있다. 산업계의 부담을 가능한 한 회피해 가면서 세금을 산업진흥에 쏟아 붓는 형태로 진행되고 있는 '산업정책으로서의 순환형사회 만들기'는 오염물질을 합법적으로 전국에 확산시키는 구조를 만들어 간다. '산업정책으로서의 순환형사회 만들기'가 이대로 진행되어 간다면, 전국 각지에서 대기와 수질, 토양이 오염되어 '자원순환형사회'가 아니라 '오염순환형사회'가 될지도 모른다.

이 책은 시민과 자치단체가 쓰레기 리사이클 문제를 어떤 시각에서 분석하면 좋은가, 또 '산업정책으로서의 순환형사회 만들기'에 대항하여 어떠한 순환형사회 만들기를 목표로 노력해야 하는가를 오염, 생활 쓰레기, 산업폐기물, 리사이클 등, 쓰레기 리사이클 문제 전반에 걸쳐 논한 것이다. 또한 '일본의 순환형사회 만들기'의 문제점을 지적함과 동시에 순환형사회 만들기의 대안도 보여주고 있다. 대안을 보여주는 키워드는, 오염문제에서는 '대기·수질·토양 모두에 걸친 규제', '오염방지의 사회 시스템', 생활 쓰레기에서는 '부(마이너스)의 재화', '확대생산자책임', 산업폐기물에서는 '부(마이너스)의 재화', '공공관리 하에서의 처리', 리사이클에서는 '회수형 리사이클과 확산형 리사이클', '공공관리 하에서의 리사이클'이다. 이들 키워드를 이해하면 어떤 순환형사회를 만들어야 할지가 분명하게 드러날 것이다.

문제를 분석하는 데는 관점이 필요하다. 관점이 없으면, 방대한 양의 정보에 눈이 팔려 정보의 홍수에 빠져버리게 된다. 또 운동에는 지향해야 할 달성 목표와 그것을 향한 방침이 필요하다. 그런 것들이 없으면 어떤 방향으로 한 걸음을 내딛는 것이 좋을지를 알 수가 없어 선 채로 죽거나 덮어놓고 걸음을 내딛어 잘못된 길로 나가고 말게 된다. 시민과 자치단체가 쓰레기·리사이클 문제를 분석할 때의 관점을 확립하는 데서 또 쓰레기·리사이클 문제에 노력할 때의 달성 목표와 방침을 확립하는 데서 이 책이 조금이라도 공헌하는 바가 있으면 다행이겠다.

구마모토 가즈키

차례

제1장

다이옥신
저감대책이 낳은
네 개의 사태

1. 시기를 놓친 다이옥신 대책

일본의 쓰레기 처리 행정은 1970년에 제정된 '폐기물 처리 및 청소에 관한 법률'(이하 '폐기물처리법')에 근거를 두고 있습니다.

'폐기물처리법'이 그 목적을 '폐기물의 적정한 처리를 통해 생활환경의 보전 및 공중위생의 향상을 꾀한다'고 정해 놓고 있는 것에서 알 수 있듯이 일본의 쓰레기 처리 행정은 쓰레기 처리 시설을 조성함으로써 환경보전 및 공중위생의 향상을 꾀하는 것을 목적으로 해 왔습니다.

그러나 소각장과 최종처분장 등의 쓰레기 처리 시설이 신·증설되면 대기오염·수질오염 등의 걱정과 불안 때문에 주변 주민으로부터 반대운동이 일어납니다. 그럴 만한 이유가 없는 것은 아닙니다. '쓰레기 처리 시설을 조성함으로써 환경보전을 꾀한다'는 쓰레기 처리 행정의 목적은 명분일 뿐이고, 실제로는 '쓰레기 처리 시설이 환경오염을 가져온' 실태가 각지에 있기 때문입니다.

1997년, 다이옥신 문제[1]가 큰 사회문제로 대두되었습니다. 그 해에, 다이옥신의 주된 배출원은 소각장이라고 하여 국가는 '대기오염방지법'을 개정하여 다이옥신류[2]의 배출기준[3]을 정함과 동시에 쓰레기의 광역 수집, 소각장의 대형화와 운전관리 매뉴얼의 준수(완전연소·연속운전) 등을 다이옥신 배출저감 대책으로 내놓았습니다.

이 배출기준에 관해서는 한 마디 언급하는 것으로 말겠지만, 유럽에서는 일찍부터 0.1ng/m³(ng는 나노그램으로 10억분의 1그램을 표현하는 무게단위. ng/m³는 배기가스 1입방미터당 나노그램)이 기준치로 채택된(스웨덴 1986년, 독일 1990년) 반면, 일본에서는 1997년도가 되어서야 겨우 법률에 근거한 기준치가 설정되었기 때문에 선진국보다 현저하게 뒤처졌다고 말할 수밖에 없습니다. 나아가 규제의 내용도 2002년 11월까지의 5년간은 경과 기간으로 하여

[1] 다이옥신 문제: 베트남 전쟁에서 미군의 고엽제 작전으로 베트짱도쿠짱과 같은 기형아가 태어나, 다이옥신은 그 원인물질로서 유명해졌다. 일본에서는 1997년 11월 오사카부 도요노죠와 노세죠에서 공동 운영하는 쓰레기 처리 시설 '도요노군 미화센터'(도요노군 노세죠 내에 소재) 안과 그 주변에 고농도의 다이옥신 오염이 검출되어 쓰레기 처리 시설의 건설을 둘러싼 주민의 반대운동이 전국에서 일어났다.

[2] 다이옥신류: 폴리염화디벤조 파라 디옥신(다이옥신)과 폴리염화디벤조푸란을 종합하여 다이옥신류라고 칭한다.

[3] 다이옥신류의 배출기준

연소실의 처리능력	신설 기준	기존 시설의 기준		
		1년 후까지	1~5년	5년 후부터
4t/h 이상	0.1ng/m³	기준의 적용을 유예	80ng/m³	1ng/m³
2t/h~4t/h	1ng/m³			5ng/m³
2t/h 미만	5ng/m³			10ng/m³

주1: 기점은 1997년 12월 1일

느슨한 기준치를 채택했고, 게다가 2002년 12월 이후도 기존시설의 소각로와 4t/h(1시간당 4톤) 미만의 소규모 소각로에 관해서는 $0.1ng/m^3$보다도 느슨한 기준치를 채택했기 때문에 대단히 허술한 다이옥신 대책밖에 되지 못합니다.

이러한 문제점이 있습니다만, 소각로로부터의 다이옥신류의 배출량은 2003년에는 1997년도에 비하여 약 98%가 저감되어 대폭 저감에 성공했습니다. 이로써 일본의 쓰레기 소각 문제는 적어도 다이옥신에 관해서는 해결되었다고 선전하고 있습니다만, 이 일련의 다이옥신 대책은 새로이 네 개의 사태를 발생시켰습니다.

2. 가스화 용융로의 보급

첫 번째 사태는 다이옥신 대책으로 가스화 용융로가 보급된 것입니다.

가스화 용융로는 문자 그대로 쓰레기를 밀폐 가열하여 발생하는 가연성 가스를 고온(1300℃ 이상)에서 연소시킴으로써 불연물을 용융하여 슬래그[4]로 만드는 것입니다. 다이옥신은 불완전 연소시, 즉 저온연소시(200~500℃)에 발생하기 쉬운 것이지만, 가스화

---

4   슬래그: 슬래그란 광재를 의미하는 영어. 폐기물을 용융한 것을 냉각하여 고화한 것을 '용융 슬래그'라고 한다.

용융로에서는 고온으로 연소시키기 때문에 다이옥신이 분해되고 또 슬래그를 도로의 노반재 등으로 이용하면 처분장이 불필요하다고 해서 호평받고 있습니다.

가스화 용융로는 신기원의 기술로서 각 자치단체에 활발히 판매되었고, 많은 자치단체가 도입을 결정했습니다. 2007년도 말 시점에서 전국에 146기나 보급되었습니다. 그러나 가연성 가스를 고온으로 연소시켜 다이옥신이 분해되어도, 그 후 노 안에서 배기가스가 냉각될 때 다이옥신이 재합성되기 쉽기 때문에, 배기가스를 200℃ 이하로 급속냉각시켜서 재합성되는 다이옥신의 양을 감소시킴과 동시에 다이옥신을 백필터[5]로 포집하는 구조를 채택하고 있습니다. 백필터로 포집하는 비산재는 성상변화 없이 폐기물로 처리되어야 합니다. 또 골치 아프게도 고온에서 연소시키면 연소시키는 만큼 쓰레기 중에 섞여 있는 유해금속이 가스화하여 배기가스로 옮겨갑니다. 이 유해금속 가스는 다이옥신과 마찬가지로 급속냉각시켜 금속 입자로 되돌린 다음 백필터로 포집하여 폐기물로 처리해야 합니다.

일본에서는 다이옥신에 대한 대책으로 가스화 용융로가 보급되었지만, 실은 이 신기원이라고 하는 가스화 용융로가 없었더라도 1997년도의 '다이옥신류 배출기준'을 만족시키지 못할 것은 아니

---

[5] 백필터: 여과포식 여과집진기. 다이옥신을 제거할 수 있다는 것이므로 소각공장에서 전기집진기 대신에 많이 채용되고 있다.

었습니다.

'일반폐기물[6] 소각 시설의 배기가스 중의 다이옥신류 측정결과 일람표[7]'(2006년 4월 1일부터 2007년 3월 31일의 기간에 배기가스 중의 다이옥신류 농도를 측정한 데이터)에 따르면, 146기의 가스화 용융로 중에 배출기준에 미달하는 것은 2기이고, 다른 한편 1999년 이래 운전을 개시한 246기의 전연속로[8] 가운데 배출기준에 미달하는 것은 3기뿐입니다. 즉 이 데이터로 밝혀지듯이 종래형의 전연속로에서도 가스화 용융로에 준하는 성능을 보이고 있는 것입니다.

가스화 용융로는 고가高價입니다. 전연속로全連續爐의 건설단가는 처리능력 하루 1톤당 5000만 엔 정도인 데 대하여 가스화 용융로는 7000만 엔부터 9000만 엔이나 됩니다. 물론 이 가스화 용융로의 도입에는 세금이 투입되었습니다. 즉 '다이옥신류 대책'의 명분으로 고액의 가스화 용융로가 도입됨으로써 쓰레기 처리산업을 비롯한 일부 사람들이 이익을 보았다는 것입니다.

어쩌면 이 가스화 용융로 도입 대가는 노인간병시설의 확충과 인건비, 보육원의 정원 증가, 생활보호 등의 사회안전망 정비에

---

[6] 일반폐기물: 폐기물은 일반폐기물(약칭 '일폐')와 산업폐기물(약칭 '산폐')로 분류된다. 산업폐기물은 사업소로부터 배출되는 19종류, 그 이외의 사업계 폐기물 및 가정계 폐기물이 일폐로 분류된다.

[7] 환경성 홈페이지 http://www.env.go.jp/recycle/dioxin/ippan/index.html

[8] 종래의 소각로에는 배치식(쓰레기 투입→소각→재를 털어내기 →쓰레기 투입 →…을 반복하는 1일 8시간 운전의 로)과 준연속로(16시간 운전)와 전연속로(24시간 운전) 등이 있는데, 다이옥신은 불완전연소 등 저온 연소시(200~500℃)에 발생하기 쉬워서 24시간 계속 연소하는 전연속로가 다이옥신의 발생을 가장 억제할 수 있다.

사용되어야 할 주민 세금이었는지도 모릅니다.

각지의 자치단체에서 어떠한 과정을 거쳐 가스화 용융로의 도입계획이 세워지고 추진되었는가 하는 것은 주민 모두의 직접적 이해에 관련되는 일이므로, 자치단체라는 가까운 행정당국의 환경대책과 세금의 사용 방법에 관심을 기울여 갈 필요가 있습니다.

3. 대기 오염물질은 폐기물로

두 번째 사태는 이 기간 사이의 다이옥신 대책은 결국 대기로 배출될 오염물질을 폐기물로 바꾸는 것에 지나지 않는다는 것입니다.

전연속로에서도 가스화 용융로에서도 비산재에 함유된 다이옥신을 백필터로 포집할 필요가 있습니다. 백필터에 비산재가 너무 쌓이면 여과가 되지 않으므로 때때로 백필터로부터 비산재를 제거해야 합니다. 모아진 비산재는 폐기물로 처리됩니다만, 일본에서는 시멘트 고화, 용융 고화 등의 유해물질 용출방지 조치를 행한 후 처분장에 매립됩니다.

이렇게 일본의 다이옥신 대책은 배기가스로 대기에 나오는 다이옥신을 비산재로 포집하여 처리해서 처분장에 묻는 것입니다. 처분장에 매립된 비산재 중 다이옥신이 영구적으로 누출되지 않도록 하는 용출방지 기술은 없습니다. 즉 대기오염을 수질오염과 토양오염으로 변화시켜 대기로의 배출기준을 충족시키는 것에 지나지 않습니다.

4. 수은오염의 진행

세 번째 사태는 다이옥신 대책의 부수효과로 유해금속에 의한 환경오염이 진행되고 있는 것입니다. 고온에서의 소각과 용융방식이 보급된 결과 폐기물 중의 유해금속이 가스화하는 것입니다.

예를 들면 수은은 형광등과 온도계·온도감지기 등의 쓰레기 가운데 함유되어 있는데, 비점[9]이 낮기 때문에 소각 과정에서 쉽게 가스화됩니다. 조금 전에도 소개한 것처럼 가스화 용융처리에서는 배기가스를 200℃ 이하로 급속냉각함으로써 유해금속을 금속입자로 환원하여 백필터로 포집하는 기술이 채택되고 있지만, 급속냉각기법이 모든 소각로에 적용되고 있는 것은 아닙니다. 특히 비점이 낮은 수은은 급속냉각된 경우에도 그 많은 부분이 가스 상태인 채로 배기가스 중에 남아서 굴뚝으로 배출됩니다. 가스 상태의 수은은 대기에 닿아 액체가 되며 소각장 주변에 떨어져 토양의 수은오염을 가져오게 됩니다.

그런데 '대기오염방지법'에서는 수은은 배출규제의 대상물질로 되어 있지 않습니다. 수은과 같이 가스화하는 것이 쉬운 물질을,

---

[9] 비점: 액체가 비등하기 시작하는 때의 온도. 보통 1기압일 때의 온도를 말한다.

대기오염의 배출 규제 대상으로 하지 않는다는 것은, 수은이 대기로 빠져나가는 길을 마련해주게 되는 것과 같습니다. 이러한 현행 규제에서는 수은에 의한 대기오염의 확산을 방지할 수 없습니다.

5. 토양오염 대책의 늦어짐

네 번째 사태는 토양오염 대책의 늦어짐이 심각하다는 점입니다. 일본의 토양오염에 관한 법률은 두 가지가 있습니다.

하나는 '농용지 토양오염방지법'(1970년)인데 이것은 규제대상이 농용지로 국한되며 규제되는 물질도 카드뮴과 동, 비소뿐으로 수은은 포함되어 있지 않습니다. 카드뮴은 이따이이따이병[10], 구리는 아시오 광독鑛毒[11], 비소는 도로쿠 공해[12]로, 토양오염의 주범으로서 죽는 자가 나왔기 때문에 규제물질에 들어가 있습니다만,

---

10 이따이이따이병: 다이쇼 시대부터 쇼와 40년대에 걸쳐 후야마 현 진부가와 유역에서 다발한 공해병으로 4대 공해병의 하나. 뼈가 약해져서 몸의 여기저기가 골절이 되고 환자가 항시 아파 아파 하고 울부짖기 때문에 이 이름이 붙여졌다. 원인이 되는 카드뮴의 오염원은 진부가와 상류의 기후 현 가미오카죠에 있는 미쯔이금속 가미오카 광업소로서 아연을 제련한 후에 나오는 카드뮴을 함유한 폐수를 그대로 진부가와에 흘려보냈기 때문에 수질과 토양의 오염을 초래했다.

11 아시오 광독: 19세기부터 20세기의 도치기 현, 군마 현에서 일어난 아시오 구리광산의 광독에 의한 공해사건. '일본 공해의 원점'이라 불리고 있다. 원인 기업은 후루카와 광업으로서 정련배연과 정제시에 발생하는 광독 가스(주성분은 아황산가스)와 광독(주성분은 구리이온 등의 금속 이온)에 의해 심각한 피해를 가져왔다.

12 도로쿠 공해: 미야기 현의 도로쿠 광산(광산권자는 스미토모 금속광산)에서 1920년에 농약과 독가스의 원료가 되는 아비산의 제조가 시작되어 지역주민과 광원이 호흡기, 간장, 신경계의 장해로 사망하는 예가 빈번했다. 만성 비소 중독증으로서 1973년, 이따이이따이병, 미나마따병, 대기오염질환에 이어 '제4의 공해병'으로 지정되었다.

미나마따병[13]을 일으킨 수은은 수질오염물질로 되어 있기 때문에 토양오염의 규제물질로 되어 있지 않은 것입니다.

또 하나의 법률은 '토양오염대책법'(2002년)입니다만, '토양오염 대책법'이 규제대상으로 하는 장소가 '수질오탁방지법'의 특정시설에 관계되는 공장 또는 사업장 부지의 터 및 토양오염 조사의 결과, 지사에 의해 특별히 지정된 구역에 한정되어 있기 때문에, 예를 들면 소각장 주변의 토양에는 적용되지 않습니다. 즉 일본에서는 소각장이 수은을 대기중에 배출하여 주변 지역의 토양을 오염시킨 경우에 이것을 다룰 법률은 없습니다.

다음의 [표 2]를 보십시오.

유해금속에 관계되는 법률에 기초한 규제를 정리한 표이지만, 대기·수질·토양에 걸쳐 배출규제가 설정되어 있는 것은 카드뮴과 납뿐입니다. 더구나 토양오염에서는 주석註釋에 있는 그런 단서조항이 있습니다. 환경오염물질의 규제대책을 대기·수질·토양과 한데 검토하면 일본의 법규제가 대단히 오염을 확산시키기 쉬운 체계로 되어 있음을 알 수 있습니다.

이미 소개한 수은의 사례로부터 알 수 있는 바와 같이 유해금속

---

13 미나마따병: 공해병의 하나로서 칫소라는 회사가 바다에 흘린 수은을 함유한 폐액으로 일으켰다. 1956년에 구마모토 현 미나마따 시에서 발생이 확인된 것이 이 병명의 유래로서, 그 후 니가타 현에서 쇼와전공이 일으킨 마찬가지 공해병의 병명도 미나마따이기 때문에 이를 구별하기 위해 전자를 구마모토 미나마따병, 후자를 제2 미나마따병 또는 니가타 미나마따병이라고 부른다. 단순히 '미나마따병'이라고 일컬어지는 경우에는 전자를 가리킨다. 미나마따병, 제2 미나마따병, 이따이이따이병, 요까이치젠소쿠는 4대 공해병이라고 한다.

[표 2] 일본에 있어서 유해금속의 법규제

오염종류	법률	규제대상	카드뮴	납	6가크롬	비소	수은	구리	아연	크롬	셀레늄
대기	대기오염방지법	배연발생시설	○	○							
수질	수질오탁방지법	특정시설	○	○	○	○	○	○*1	○*1	○*1	
토양	농용지토양오염방지법	농용지(대부분 논)*2	○			○		○			
토양	토양오염대책법	수질오탁방지법의 특정시설과 관계있는 터*3	○	○	○	○	○				○

주1: '수질오탁방지법'은 사람의 건강에 관계있는 피해를 낳을 우려가 있는 물질과 생활환경에 관련된 피해를 낳을 우려가 있는 항목의 2종의 규제물질 내지 규제항목을 두고 있는데, *1) 이 없는 것은 전자, *1)이 붙은 것은 후자

주2: 카드뮴은 현미 중의 농도, 비소와 구리는 논 토양 중의 농도로 기준이 설정되어 있기 때문에 밭으로 규제되는 것은 밭벼가 카드뮴으로 오염된 경우에 한정된다.

주3: '토양오염대책법'으로 규제대상이 되는 것은 원칙적으로 '수질오탁방지법'의 특정시설에 관계되는 공장 또는 사업장이었던 토지이며, 그 이외는 토양오염조사의 결과, 지사가 특히 지정한 구역에 한정된다.

의 배출규제는 대기·수질·토양의 전체에 걸쳐 설정되어야 비로소 각각의 규제가 효과를 발휘합니다. 대기·토양에서 규제되고 있지 않은 경우에는 그곳이 도주로가 되어 수질에서의 규제도 의미가 없습니다.

이렇게 일본의 다이옥신 대책은 가스화 용융로의 도입에 이용된 데다가, 대기오염을 수질오염과 토양오염으로 변화시키는 방법으로 행해져 오고 있으며, 그 대신에 발생하고 있는 유해금속에 의한 대기오염·토양오염의 문제에 대하여 법률이 정비되어 있지 않습니다.

제 2 장

희중처분장으로부터의
오염

1. 최종처분장의 세 가지 종류

다음으로 최종처분장으로부터의 오염에 관하여 알아봅시다.

폐기물이 최종적으로 묻히는 처분장에는 안정형·관리형·차단형의 세 가지 종류가 있습니다.

●**안정형 처분장의 구조기준** - 다음 페이지의 그림을 보아주십시오. 처분장이라는 것을 보여주는 입간판과 펜스 등이 있을 뿐인 간단한 구조입니다. 이 처분장에는 물에 녹지 않는 '안정형 5품목'(폐플라스틱·고무부스러기·금속부스러기·유리 및 도자기 부스러기·기와장류)인 산업폐기물(산폐)이 운반되어 들어오기 때문에 이러한 극히 간단한 구조로 가동되고 있습니다.

●**관리형 처분장의 구조기준** - 그림과 같이 바닥면, 측면에 차수막을 붙이고, 처분장에 매설한 집수관으로 오수를 모아 오수 처리 시설에 모이며, 거기서 처리하여 방류하는 시스템으로 되어 있습니다.

[그림 1] 안정형 처분장

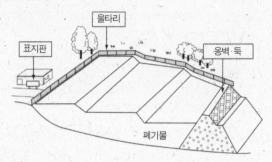

[그림 2] 관리형 처분장

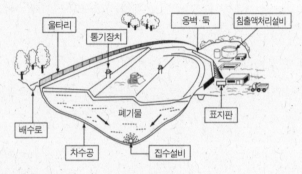

[그림 3] 차단형 처분장

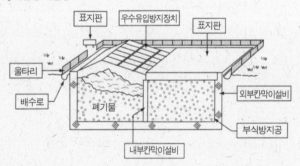

핵심이 되는 구조는 차수막·집수관·오수 처리 시설입니다. 이 처분장에는 수용성 폐기물로서 콘크리트 고형화되기 전 혹은 콘크리트 고형화된 후에 용출시험[14]을 통과한 산업폐기물과 일반폐기물이 운반되어 들어옵니다.

●**차단형의 구조기준** - 콘크리트 상자 속에 콘크리트로 고형화된 산업폐기물을 넣고 콘크리트로 덮개를 하는 것으로, 또한 빗물을 피하기 위해 지붕이 설치되어 문자 그대로 외부와 차단된 구조로 설계되어 있습니다. 반입되는 폐기물도 콘크리트로 고형화된 후에도 용출시험을 통과하지 못하는 유해 산업폐기물에 한정되어 있습니다.

2. 반입물의 확인과 차수막의 손상

이들 세 개의 처분장은 모두 매립된 폐기물에 포함된 오염물질이 외부에 유출되는 것을 방지할 수 없습니다.

첫 번째 이유는 처분장에 반입되는 것을 완벽하게 체크하는 것이 불가능하기 때문입니다.

안정형 처분장은 명목상은 물에 녹지 않는 금속 부스러기 등의

---

[14] 용출시험: 폐기물의 유해성을 판정하기 위한 시험으로서 일정한 용액에 폐기물을 넣어 6시간 저은 후에 용출되어 나온 유해물질의 양으로 유해성을 판정한다.

차수 시트의 부설

최종처분장을 공중으로부터 본 모습

산업폐기물을 받아들일 뿐이므로 수질오염을 일으킬 리 없지만, 실제로는 안정형 처분장이 전국 각지에서 수질오염을 가져오고 있습니다.

부착물이 용출된다든지 폐플라스틱 자체로부터도 첨가제가 용출된다든지 하는 것이 그 한 원인이지만, 더구나 명목상 반입되지 말아야 할, 수질오염을 일으키는 산업폐기물이 혼입되고 있기 때문입니다. 안정형 처분장에서는 '전개검사'[15]를 하는 것이 의무로 되어 있습니다만, 반입의 현장에서 육안으로 완벽하게 확인하는 것은 불가능합니다. 명목과 실상이 크게 차이가 납니다.

두 번째 이유는 관리형 처분장의 차수막이 점차 찢어지는 것입니다. 처분장을 견학한 분도 계시겠지만, 처분장은 광대합니다. 처분장의 바닥면, 측면에 남김없이 차수막을 깔아야 하지만, 그렇게 큰 차수막은 없기 때문에 몇 매의 시트를 이어서 붙이게 됩니다. 막 자체도 약하고 쉽게 구멍이 나는 소재이지만, 특히 그 접합부가 쉽게 벌어진다든지 찢긴다든지 합니다. 또 장소에 따라서 매설 폐기물이 다르기 때문에 지반이 부등 침하하여 그 단차에 의해 시트에 인장이 가해져서 파손의 큰 원인이 되고 있습니다.

[표 1]을 보아주십시오. 일본 차수공협회의 '폐기물 최종처분장 차수막 취급매뉴얼'[16]에 기재되어 있는 시공시기에 따른 차수막의

---

15 전개검사: 반입물을 운반차량으로부터 내려 펼쳐서 육안으로 안정형 산업폐기물 이외의 폐기물이 부착·혼입하고 있지 않은지를 확인하는 검사

16 일본 차수공협회 홈페이지: http://www.nisshakyo.gr.jp/pdf/yoryo.pdf/ 08년 4월 24일

[표 1] 시공시기에 의한 차수막의 손상원인

시공시간	상정되는 손상원인
1. 차수막 시공중	① 시공 착오에 의한 손상 ② 타 공종에 의한 손상
2. 차수막 시공완료 후	① 침출수 집배수관의 하역, 부설시 차수막의 손상 ② 보호토의 하역, 부설시의 차수막의 손상 ③ 침출수 집배수관의 피복재의 하역, 부설시의 차수막의 손상 ④ 보호재의 운반차량의 주행, 선회 ⑤ 보호토(모래, 흙)를 살포할 때의 차수막의 손상 ⑥ 경사면에의 보호토 시공에 의한 차수막의 손상 ⑦ 보호토(모래, 흙) 설치시의 중장비 주행에 의한 차수막의 손상
3. 매립작업 개시 때	① 폐기물 투입시의 차수막의 손상 ② 접합부의 뜯어짐 ③ 구멍이 남 ④ 잡아당김으로 뜯어짐 ⑤ 이상한 늘어남
4. 매립중	① 지반침하 ② 경사면 붕괴 ③ 화재 ④ 중기에 의한 손상 ⑤ 보호부족
5. 사용중	1. 노출되어 있는 상태 차수막 또는 보호매트에 변경상태가 인정되면 보호매트를 뜯어내고 차수막을 조사합니다. ① 쓰레기, 토사 등의 퇴적 ② 경사면의 미끄러져 떨어짐, 붕괴 ③ 잡초의 발아 ④ 이상한 늘어남 ⑤ 표면의 균열 ⑥ 가스 분출에 의한 팽창 ⑦ 밑바닥의 세굴(빗물흐름의 발생, 점토분의 유출) ⑧ 솟아오르는 물에 의한 팽창 ⑨ 구멍뚫림, 잡아당겨 찢어짐 ⑩ 팽창 ⑪ 밀어냄(떠오름) ⑫ 연화 ⑬ 경화 ⑭ 접합부 접합부의 틀어짐 ⑮ 움푹 들어감 ⑯ 기타 2. 보호토로 덮여 있는 상태 보호토에 아래와 같은 변경상태가 인정되면 보호토를 제거하고 보호매트, 시트를 조사합니다.

① 표면의 균열 ② 함몰 ③ 물이 용솟음 ④ 가스 분출 ⑤ 밀어냄(떠오름) ⑥ 미끄러져 떨어짐 ⑦ 붕괴 ⑧ 기타
3. 복토로 덮여져 있는 상태
복토에 아래와 같은 변경상태가 인정되면 복토를 벗겨내고 차수막을 조사한다.
① 표면의 균열 ② 함몰 ③ 물이 용솟음 ④ 가스 분출 ⑤ 밀어냄(떠오름) ⑥ 미끄러져 떨어짐 ⑦ 붕괴 ⑧ 기타

손상원인을 보여주는데, 사소하다고도 생각되는 다양한 원인으로 시트가 손상받고 있음을 알 수 있습니다.

3. 오염물질은 오수 처리 시설과 처분장을 왕복한다

지붕이 없는 안정형, 관리형 처분장에서는 빗물이 처분장의 전체에 쏟아져 내리고 빗물은 매립된 폐기물 가운데를 통과하면서 오염됩니다.

관리형 처분장에서는 차수막으로 우수, 오수의 누설을 방지하고, 집수관을 통해 오수 처리 시설로 운반하여 처리하는 구조로 되어 있습니다. 관리사업자는 '오수 처리 시설에서 처리를 하여 깨끗한 물을 방류하기 때문에 수질오염의 우려는 없습니다'라고 설명합니다. 이 설명처럼 오수 중에 함유되어 있던 오염물질이 환경에 배출되는 방류수에는 조금밖에 포함되어 있지 않다고 하면, 오

수 처리 시설 중에 있던 오염물질은 도대체 어디로 간 것일까요?

오수 처리 시설에서는 미생물에 오염물질을 먹인다든지 약품을 투입하여 오염물질을 침전시킨다든지 합니다. 오염물질이 풍부하게 있는 조건 하에서는 미생물이 증식하기 때문에 적정하게 증가하는 이상의 부분은 제거해야 합니다. 또 약품처리에 따라 침전된 오염물질도 제거할 필요가 있습니다.

제거된 오니는 잉여오니라고 불립니다만, 이 중에는 오수 중의 유해물질이 함유되게 됩니다. 잉여오니는 탈수·건조 등의 중간처리를 한 후 소각되든지 매립처분되든지 합니다. 소각된 잉여오니 중의 유해물질은 대기중에 방출되거나 집진기 등에 의해 포집되어 폐기물(분진)이 되어 또 처분장에 매립됩니다.

결국은 처분장의 오염물질은 방류수에 담겨 환경 중에 배출되는 부분 혹은 소각에 의해 대기중에 배출되는 부분 이외에는 모두 처분장과 오수 처리 시설 사이의 왕복운동을 계속하게 됩니다.

4. 차수막은 파손된다

차수막은 시간이 지나면서 반드시 열화劣化합니다. '차수막 취급 매뉴얼'에는 '차수막 열화에 대한 유의사항'으로서 '차수막은 시간이 지나면서 열화가 진행되므로 정기적으로 노출부의 차수막의 발취抜取검사를 실시하여 열화상황을 파악하고 필요에 따라 다시 붙이기도 고려해 둘 필요가 있습니다'라고 기재되어 있습니다.

매립 중에도 '필요에 따라 다시 붙일' 필요가 있기 때문에 매립 완료 후 수년간 시트가 열화하여 오수가 스며 나오는 것은 오히려 당연합니다.

차수막이 약하기 때문에 최근에는 2중의 차수재(2중의 차수막 또는 점토나 아스팔트 콘크리트+차수막)로 하는 것이 의무화되어 있습니다. 그러나 수십 년, 장기로 본다면 수질오염을 막지 못한다는 것에는 아무런 차이도 없습니다.

5. 차단형도 수질오염을 막지 못한다

차단형 처분장은 콘크리트로 고형화된 폐기물을 콘크리트 상자에 봉해 넣고, 지붕이 설치되어 있으므로 관리형 처분장보다 수질오염을 일으키기 어려운 것은 확실합니다.

그러나 관리형에 넣을지 차단형에 넣을지를 판단하기 위한 시험인 용출시험이 일본에서는 대단히 느슨합니다.

조금 전문적인 해설이 되겠습니다만, 용출시험은 폐기물을 용액에 넣어 6시간 저어 용출해 나온 유해물질의 양이 기준치를 넘는지 넘지 않는지를 검토하는 것입니다. 문제는 현재 용출시험으로 사용되고 있는 용액의 PH[17]입니다. 유해금속은 용액이 산성으로 될수록 녹기 쉽지만, 용출시험의 용액은 내륙매립의 경우 PH

5.8~6.3, 해면매립의 경우 PH 7.8~8.3으로 되어 있습니다. 내륙은 우수에 노출되므로 빗물의 PH가, 해면은 해수에 노출되므로 해수의 PH가 각각 사용되고 있는 것입니다.

그러나 실제로 일본에서 내리고 있는 비는 PH 4.3~4.4의 산성비입니다. PH 2의 차이는 산성도가 100배 차이 나는 것을 의미합니다. 즉 매립지에서 폐기물이 노출되는 빗물보다도 산성도가 약 100배 약한 용액으로 시험을 하고 있는 셈이 됩니다. 그래서 오수 중에 알칼리를 더하여 유해금속을 물속에 녹기 어렵게 하는 처리를 하는 일이 많기 때문에 잉여오니의 상당량은 강알칼리성의 상태로 되어 있습니다. 이러한 잉여오니를 PH 6.3으로 조정한 용액에 담가 시험해도 용액이 이미 알칼리성으로 기울어 있기 때문에 실제로는 PH 8 내지 9에서 시험하고 있는 셈이 되고 맙니다. 사실상 PH 9.3에서 시험하고 있다면 빗물보다도 산성도가 10만 배 약한 용액으로 시험하고 있는 것이 됩니다.

이렇게 용출시험 조건의 설정이 느슨하기 때문에 원래 차단형 처분장으로 반입되어야 할 폐기물이 관리형 처분장에 들어가고 있는 것입니다. 덧붙여서 차단형 처분장도 수십 년, 장기로 보면 결코 수질오염을 방지하는 것은 아닙니다. 매립완료 후 수십 년이 지나는 동안 콘크리트가 중성화하여 강도를 상실함과 동시에 오

---

17 PH: 페하 또는 피에이치라고 불리며 산성-알칼리성을 0~14의 수치로 표시하는 지표. 중성이 7로서 수치가 클수록 알칼리성이 강하고 수치가 작을수록 산성이 강함을 의미한다.

수가 스며들기 때문입니다.

6. 폐지된 처분장은 토양오염지

그런데 매립이 진행되어 가득 차게 된 처분장은 어떻게 되는 것일까요?

가득 차게 된 후의 처분장의 문제는 이제까지 너무하다고 할 정도로 주목받지 못했는데, 그렇게 된 후의 처분장은 통상적인 토지로 이용이 됩니다. 단 그렇다고는 해도 가득 차게 된 직후에 지주가 자유로이 토지를 이용하는 것은 문제시되며, 부지 이용 전에 '처분장의 폐지' 수속이 필요하게 되었습니다.

'처분장의 폐지'에는 현지사縣知事의 확인이 필요하게 되어 있습니다. 지사는 '기술상의 기준'[18]에 적합하다는 것을 확인하는데, 수질에 관한 '수질상의 기준'으로서 다음의 ①~③이 설정되어 있습니다.

① 처분장 주변의 지하수 수질이 기준에 적합하고 또 검사결과의 경향에 비추어 기준에 적합하지 않게 될 우려도 없을 것(안정

---

[18] 기술상의 기준: '일반폐기물의 최종처분장 및 산업폐기물의 최종처분장과 관계있는 기술상의 기준을 정하는 성령'(쇼와 52년 3월 14일 총리부·후생성령 제1호)에 정해져 있다.

형, 관리형, 차단형에 공통)

② 집배수 설비에 의해 모아진 보유수[19] 등의 수질이 2년 이상[20]에 걸쳐 배출기준에 적합할 것(관리형)

③ 침투수[21]의 수질이 기준에 적합할 것(안정형)

그러나 오니가 여러 해 동안 산성비에 노출돼 산성화되어, 오니 중에 함유된 유해금속이 빗물에 의해 용출되어 토양을 오염시키는 일은 충분히 일어날 수 있습니다. 실제로 미국에서 일어난 유명한 토양오염 사건인 러브 캐널 사건[22]에서는 매립완료 후 25년 이상을 거치면서부터 산업폐기물 중의 유해물질이 누출되어 주변 주민에게 유산과 암의 다발 등의 피해를 가져왔습니다.

안전형과 관리형 처분장에서의 '기술상의 기준'에 따르면, 매립완료 후 대략 50cm 이상 두께의 토사 등으로 덮게 되어 있습니다만, 실은 땅 속의 물은 아래로부터 위로 상승하는 일도 있습니다.

---

[19] 매립된 폐기물이 보유하는 수분 및 매립지 내에 침투한 지표수인 것

[20] '2년 이상': 폐지의 확인 신청 직전 2년간 이상의 수질검사 결과이며 매립처분 종료 후에 실시된 것이 포함되어 있으면 좋다고 되어 있다(헤이세이 10년 7월 16일 환경청 해양환경 폐기물대책실장 및 후생성환경정비과장 통지 '일반폐기물의 최종처분장 및 산업폐기물의 최종처분장에 관계있는 기술상의 기준을 정하는 명령의 운용에 수반하는 유의사항에 관하여').

[21] 침투수: 안정형 산업폐기물의 층을 통과한 빗물 등의 것

[22] 러브 캐널 사건: 1970년대 후반 미국 뉴욕 주 나이아가라 폴즈 시의 러브 캐널(운하)에서 일어난 지하수, 토양오염에 의한 주변 주민의 건강피해 사건. 지역의 화장품 메이커가 운하를 구입, 1942~1952년에 걸쳐 2만1천 톤 이상이라고 하는 갖가지 화학물질을 함유한 폐기물을 투기했다. 그 터에는 초등학교, 주택이 세워졌으나 주민 사이에 유산과 기형아, 암환자가 급증했다. 1980년대 대통령이 비상사태 선언을 발령하여 약 900가족이 이전했다. 같은 해, '슈퍼펀드법'(포괄적 환경대책 보상 책임법)이 제정되었다.

땅 속의 염분이 지표에 집적하는 현상은 '염류집적'이라고 불리며, 농경부적합지의 원인이 되는 현상으로 알려져 있습니다. 토사의 공극이 모세관 역할을 하여 모세관 현상에 의해 물이 아래로부터 위로 상승하여 물에 녹은 염분이 지표에 집적하는 것입니다.

이 현상이 유해물질에도 일어납니다. 실제로 도쿄 고토 구 등에서 일어난 '6가크롬 사건'[23]에서는 일본화학공업이 땅속에 묻은 산업폐기물 중의 6가크롬이 물에 녹아 지표에 분출했던 것입니다.

차단형 처분장에서는 '기술상의 기준'에서 '처분장의 폐지'에는 '바깥쪽 칸막이 설비에 관하여 환경대신이 정하는 조치가 강구되는 것이 필요하다'고 규정되어 있음에도 불구하고 환경대신이 정하는 조치가 아직도 정해져 있지 않습니다. 그 때문에 폐기물을 묻은 그대로의 차단형 처분장을 폐지하는 것이 불가능한 사태가 계속되고 있습니다.

환경성에 의하면 '과학적 의견이 나오지 않기 때문에 환경대신이 정하는 조치가 결정되지 않았다'고 하지만, 유해물질을 장기에 걸쳐 봉해 넣을 수 있도록 하는 조치는 그만큼 불가능한 기술입니다.

---

[23] 6가크롬 사건: 1994년 고토 구가 히가시스나 3쵸메에 심신장해자 시설의 건설을 시작했을 때 땅속에서부터 6가크롬 광재가 발견되어 공사가 중단되었다. 이듬해인 1995년 구가 1억 4천만 엔을 들여 처리를 하는 데 대하여 주민은 '오염자인 일본화학공업(주)가 처리비용을 부담해야 하며 구가 부담하는 것은 부당한 공금의 지출에 해당한다'고 하여 1996년 주민감사청구를 했으나 기각되어 동년 10월 주민소송을 제소하기에 이르렀다. 2001년 원고 주민, 일본화학공업, 구 사이에 기업책임을 명확히 한 화해가 성립했다.

환경성에 따르면 차단형 처분장으로부터 폐기물을 꺼내 소각 등의 처리를 하여 처분장을 폐지한 사례는 있는 것 같습니다만, 소각시에 일부러 백필터로 포집한다든지 오수 처리 시설로 오니에 함유시킨다든지 하여 유해물질을 차단형 처분장까지 운반해 온 것을 소각시켜 대기로 돌려보낸다면, 무엇 때문에 처리해 왔는지 알 수가 없습니다.

이처럼 '기술상의 기준'은 수십 년, 수백 년에 걸쳐 환경오염을 막을 수 있도록 한 기준이 결코 아닙니다. 게다가 처분장의 폐지에 관한 '기술상의 기준'을 충족시키면 처분장은 폐지되어 '폐기물처리법'의 적용으로부터 벗어납니다. 그 결과 처분장 터는 통상의 토지와 마찬가지로 토지소유자가 자유로이 토지를 이용할 수 있어 매매도 대차도 가능한 토지가 됩니다. 단 매립처분을 종료한 후에 그 취지를 지사에게 제출해야 하며, 지사는 그것을 대장에 보관하게 되어 있기 때문에 대장을 보면 거기가 처분장이었다는 것을 알 수 있지만, 대장을 보지 않는 한은 통상의 토지와 분간이 안 됩니다.

통상의 토지도 그렇듯이 처분장 터도 토양오염에 관한 법 규제는 받게 됩니다. 그러나 조금 전에 소개한 바와 같이 그곳이 농지로서 쌀이 재배되고 있지 않은 한에서는 처분장 터가 '농용지 토양오염방지법'의 대상이 되는 것은 아닙니다. '토양오염방지법'은 규제대상이 거의 '수질오탁방지법'의 특정시설에 관련된 공장 또는 사업장의 터에 한정되어 폐기물소각장은 특정시설에 포함되고 있는데도 처분장 터는 포함되어 있지 않습니다.

토양 일반에 적용되는 것은 토양환경기준뿐입니다만, 환경기준은 '유지되는 것이 바람직한 기준'에 지나지 않아 기준 이하로 억제하는 강제력은 없습니다. 그러므로 환경성의 고시와 통지[24]에 의해 폐기물처분장은 토양환경기준의 적용대상으로부터 제외되어, 처분장 터도 굴삭 등에 의한 차수막의 파손과 매립된 폐기물의 교란 등에 의해 일반환경으로부터 구별하는 기능을 훼손하는 이용이 행해지지 않는 한은 여전히 적용 제외로 되어 있습니다.

처분장 터는, 굴착 등으로 유해물질이 나온다든지 파내지 않더라도 유해물질이 빗물에 녹아 지상에 나온다든지 할 우려가 있음에도 불구하고 도도부 현都道府縣에 보관되는 처분장 대장에 기재될 뿐 통상의 토지와 마찬가지로 토지소유자의 의사에 따라 자유롭게 이용, 매매할 수 있습니다.

이렇게 처분장을 신증설하는 것은 결과적으로 토양오염지를 전국에 확산하는 것이 됩니다.

---

[24] 환경성의 고시와 통지: 폐기물처분장에 관해서는 헤이세이 3년 8월 23일 환경청 고시 제46호, 헤이세이 3년 8월 28일 환경청 수질보전국장통지. 처분장 터에 관해서는 헤이세이 10년 7월 16일 토양농약과장 통지

제3장

공간과 시간을 확장하여
오염을 파악한다

1. 구미에서 진행되는 위해금속의 규제대책

다이옥신을 비롯한 잔류성 유기오염물질Persistent Organic Pollutants: POPs
에 관해서는 그 배출의 근절·저감 등을 꾀할 목적으로 POPs 조약
이 2004년 5월에 발효되었으나 최근 국제적으로는 환경오염물질
의 규제대상은 다이옥신으로부터 수은을 비롯한 유해금속으로 초
점이 옮겨가고 있습니다.

UNEP(국제연합환경계획)[25]에서는 2001년부터 '세계수은평가'를
실시하여 2003년부터는 '세계수은평가'의 성과에 기초하여 지구규
모에서의 수은오염에 관한 활동(UNEP 수은 프로그램)을 시작했고,
2005년부터는 납과 카드뮴을 대상에 추가하여 'UNEP 중금속 프
로그램'에 노력하고 있습니다.

---

[25] 국제연합환경계획: 환경문제에 관한 국제적인 추진노력을 행하는 국제연합기관. 국제연합 인간환경
    회의의 결의에 기초하여 1972년 설치. 본부는 나이로비에 있다.

1979년 UNECE(국제연합구주경제위원회)의 '장거리월경대기오염 조약'이 성립되었지만, 이 조약에 기초하여 1998년에는 수은·납· 카드뮴의 대기중에의 배출량 및 이 세 물질을 포함하는 제품을 규제하는 것을 목적으로 한 '중금속 의정서'가 채택되어 2003년에 발효되었습니다. '중금속의정서'의 목표는 수은·납·카드뮴의 대기중으로의 연 배출량을 1990년 이전의 수준으로 낮추는 데 있으며, 비준하는 나라에서는 가솔린 속의 납 함유량의 단계적 삭감과 수은을 함유하는 제품의 관리가 의무화되어 있습니다.

유럽에서는 대기오염을 규제하는 'EU지령'[26]도 다수 나와 있으며, 이산화황, 질소산화물, 일산화탄소, 대류권오존, 벤젠, 방향족 다환탄화수소 등과 함께 납, 비소, 카드뮴, 수은, 니켈이 규제물질로 되어 국가별 배출량 상한과 부문별 배출량 상한이 설정되어 있습니다. 또 2003년 2월에는 전기전자기기에 관련된 특정유해물질의 사용제한에 관하여 RoHS 지령[27]이 공포되어 2006년 7월에 시행되었습니다. 이 지령에 기초하여 EU 가맹국 내에서는 ① 납, ② 수은, ③ 카드뮴, ④ 6가크롬, ⑤ 폴리브롬화비페닐, ⑥ 폴리브롬화페닐에틸이 지정치를 초과하여 함유된 전기전자기기류는 판매할 수 없게 되었습니다.

더욱이 2007년 7월에는 체온계, 온도계 등 수은이 사용되고 있

---

[26] EU지령: EU가맹국에 대하여 어떤 목적을 달성할 것을 요구하면서도 그 방법까지는 정하고 있지 않은 법의 형태

[27] RoHS 지령: 전기전자기기에 함유된 특정유해물질의 사용제한에 관한 구주의회 및 이사회 지령

는 기기의 판매를 금지하는 법안이 합의되었습니다. EU 가맹 29 개국에는 2009년 봄까지 국내에서의 법 개정이 요구되고, 2011년 7월까지는 EU 전역으로부터 수은을 수출하는 것이 금지됩니다.

미국에서도 1990년대까지 수은 대책이 추진되었습니다. EPA(미국환경보호청)는 2006년 7월에 환경 중의 수은을 저감하기 위한 추진노력의 성과를 'EPA의 수은 로드맵'이라는 보고서에 정리하고 있습니다만, 그에 따르면, 미국에서의 대기중 수은 배출량은 1990년 219.9톤부터 1999년 112.6톤으로 줄고, 나아가 2020년에는 67.8톤이 될 것으로 추정하고 있습니다.

2. 미나마따병을 경험한 나라로서

이러한 국제적인 유해금속의 규제 움직임에 일본이 전혀 무관할 수는 없습니다. 그뿐 아니라 환경성 문서 'UNEP 수은 프로그램에 관하여'에 따르면 일본은 2007년 2월 나이로비에서 개최된 UNEP의 관리이사회에서는 다음과 같이 발언하고 있습니다.

'미나마따병을 경험한 나라로서 수은오염에 따른 국제적 프로그램의 구축을 향해 적극적으로 공헌하고 싶다는 뜻으로 발언했다. 논의 결과, 수은 대책을 위한 조약제정 가능성도 포함하여 대책강화 방안을 검토하기 위한 전문가 회의 설치 등의 결의가 채택되었다. 이 결의를 받아 수은 파트너십 프로그램(각국의 관-민-학 합동으로 석탄연소 등 수은의 환경방출이 있는 분야에서의 기술협력 등을 추진하는 자주적 프로그램)의 추진을 위한 틀 만들기, 작업 그룹에서의 대책강화 방안 검토가 시작되었다.'

이렇게 일본은 논의를 주도함과 동시에 다섯 개의 수은 파트너십 프로그램 가운데 '석탄연소에서의 수은관리', '수은의 대기중 이동 및 운명 연구'의 두 개 프로그램에 참가하고 있습니다.

'UNEP 수은 프로그램'에서는 수은오염에 관하여 '일단 배출되면 수은은 대기에도 수중에도 토양 중에도 들어감과 동시에 장기간에 걸쳐 이들 사이를 계속 이동한다[28]고 그 동태를 정확히 기재하고 있습니다.

수은의 동태를 정확히 파악하고 있는 'UNEP 수은 프로그램'에서 '미나마따병을 경험한 나라'로서 주도적인 역할을 수행하고 싶다고 국제적으로 표명하고 있는 일본이지만, 실상에서는 수은을 대기·토양에 자유롭게 배출할 수 있도록 하는 법체계밖에 가지고 있지 않습니다. 국제적인 장에서 발언한 이상은 사전에 국내에서 대책을 만들어야 할 것입니다.

---

[28] http://www.greenfacts.org/en/mercury/1-2/mercury-4.htm (UNEP "Where is mercury found?") 2008년 4월 24일

3. 공해방지·폐기물처리가 토양오염을 확장하고 있다

1960년대 후반부터 큰 사회문제가 된 공해문제는 주로 대기오염과 수질오염의 문제였습니다. 그 후 공해문제는 법률로 기준을 정하고, 그 기준을 충족시키려 집진기와 오수 처리 시설 등의 공해방지 시설이 신설되어 온 것입니다.

그러나 집진기는 대기에 나올 것이었던 오염물질을 분진이라는 산업폐기물로 변화시키고, 오수 처리 시설은 수역에 배출될 것이었던 오염물질을 오니라는 폐기물로 변화시켜 온 데 지나지 않습니다. 즉 공해방지시설은 공해문제를 폐기물 문제로 변화시켜 온 것입니다. 실제로 공해문제가 서서히 진정되는 한편으로 폐기물 문제가 점점 심각해져 온 것은 주지하는 대로입니다. 다이옥신을 비산재로서 포집하여 처분장에 묻고 있는 다이옥신 대책에서 보는 바와 같이 공해방지도, 폐기물처리도 결국은 오염물질을 처분장에 운반하여 오염된 토지를 여기저기에 만들어 내고 있을 뿐이라는 것입니다.

매년 방대한 자원을 해외로부터 수입한다든지 국내의 지하자원을 채굴한다든지 하여 생산·소비하고 최종적으로는 소각·매립처분을 행하고 있습니다. 긴 안목으로 보면 소각·매립처분은 환경오염을 미래 세대에게 떠넘기고 있을 뿐인 것입니다.

4. 오염은 기술로는 해결할 수 없다

환경오염 문제는 오염물질이 대기와 수역에 배출되는 장면에만 주목하는 것으로는 정확히 파악할 수가 없어서 종합적인 대책을 만들어 내지 못합니다. 오염물질의 확산을, 공간·시간을 확장하여 파악하는 것이 중요합니다.

우선 공간을 확장하여 파악하는 것이 중요합니다. 실제로 오염물질은 기체로 되었다가 액체로 되었다가 고체로 되었다가 하는 식으로 그 모양이 달라져, 기체로 소각장 주변에 확산되었다가 고체로 된 후에 처분장으로 운반되어 오기도 합니다. 따라서 오염물질이 모양을 달리한 후의 행선지까지 공간을 확장하여 파악할 필요가 있습니다.

또한 시간을 확장하여 파악하는 것이 필요합니다. 차수막은 플라스틱으로 만들 수 있지만, 플라스틱은 시간의 경과에 따라 그 중에 함유되어 있는 첨가제가 휘발한다든지 용출한다든지 하여 열화해 갑니다. 콘크리트도 시간이 감에 따라 중성화하여 잘 부서지게 됩니다. 시간적인 시야를 수십 년·수백 년의 장기간으로 확장해 가면, 플라스틱과 콘크리트 등의 인공물로 오염대책을 세우는 것은 거의 무의미해집니다.

오염물질이 배출되는 장소와 시점에만 한정하여 파악할 경우에는 백필터가 다이옥신 대책으로 되는 것처럼, 기술이 오염대책이됩니다. 그래서 오염대책기술로 배출시의 농도를 낮춤으로써 문제가 해결되는 것처럼 되고 맙니다. 그러나 다이옥신이 비산재에 함유되어 처분장에 운반되듯이 오염대책기술에 의한 대응으로는 오염물질은 모양과 장소를 달리할 뿐 결코 없어지는 것은 아닙니다.

그럼에도 불구하고 일본에서는 고도성장기에 있어서의 '공해는 공해방지시설에 의해', '다이옥신은 백필터에 의해'라는 식으로 '오염대책기술에 의한 해결'이 시도되어 왔습니다. 처분장으로부터의 수질오염이 발견되어도 그때마다 새로운 오염대책기술을 전개하여 '지금까지는 불충분했지만 신기술의 채택에 의해 지금부터는 걱정 없다'고 하는 발언이 그때마다 반복되어 왔습니다.

왜 일본에서는 '오염대책기술에 의한 해결'이 계속되어 온 것일까요? 그 이유는 일본의 환경정책이 일반적으로 산업계의 이익이 되는 방향으로 입안되는 것을 보면 알 수 있습니다. '오염대책기술에 의한' 해결을 도모함으로써 관련 업계가 이익을 보기 때문입니다. '오염대책기술에 의한 해결'은 결국 인공물에 의한 대책으로서, 장기적으로 보면 완전한 것이 없고, 얼마 뒤에 또 오염을 가져옵니다. 그러나 얼마 뒤에 또 오염이 생기기 때문에 그야말로 '지금까지는 불충분했지만 이제부터는 걱정 없다'고 말하며 신기술을 새로이 판매하는 것이 가능하기 때문에 이 '영구순환'은 관련업계에서는 안성맞춤인 것입니다.

오염대책기술이 필요 없는 것은 아닙니다만, 공간과 시간을 확장하여 파악해보면 한계가 있다는 인식 하에서 사용하는 것이 중요합니다.

5. 오염방지의 사회 시스템

그러면 오염을 근본적으로 해결해 가려면 어떻게 하면 되겠습니까?

첫째는 생산물을 변화시키는 것입니다.

처음부터 유해물질을 생산물에 집어넣지 않는 것이 근본적인 해결책입니다. 생산물은 조만간에 반드시 폐기물로 됩니다. 생산물에 함유되는 유해물질은 생산물이 폐기물로 되어 처리되는 경우에 오염대책기술에 의해 기체나 액체나 고체로 모양을 달리할 뿐, 결코 없어지는 것은 아닙니다.

따라서 오염문제를 해결하기 위한 관건은 생산물에 포함되는 유해물질을 줄이는 것, 될 수 있는 대로 제로로 하는 것입니다. 예컨대 EU에서는 체온계, 혈압계, 기압계 등 수은을 사용하는 기기의 판매를 금지하는 법안에 합의하고 있습니다.

둘째는 회수형 리사이클[29]을 진행하는 것입니다.

유해물질을 생산물에 넣지 않는 것을 추진하더라도 유해물질을

---

[29] 회수형 리사이클: 두 가지 재생이용으로 되며, 유해물질을 '생산-소비-폐기-생산'의 고리 중에 가두어 넣어 환경오염을 초래하는 일이 없다.

사용하지 않을 수 없는 경우가 남습니다. 그런 생산물에 관해서는 회수형 리사이클을 행하는 것입니다.

회수형 리사이클이란 폐기물이 된 제품으로부터 동일한 제품을 만드는 것과 같은 재생이용(예를 들면 유리병으로 유리병을 만드는 것과 같은 재생이용) 그리고 폐기물이 된 제품에서 특정한 물질을 추출해 다시 제품의 원료로서 생산과정에 투입하는 식의 재생이용(예를 들면 전지로부터 중금속을 회수하여 다시 생산과정에 투입하는 식의 재생이용)입니다.

회수형 리사이클에서는 유해물질은 '생산-소비-폐기-생산'의 고리 가운데 갇혀 환경오염을 가져오지 않습니다. 그뿐 아니라 폐기물이 된 전지가 중금속을 고농도로 함유하면 함유하는 만큼 유용한 자원이 되듯이, 오히려 유해물질을 고농도로 함유하는 폐기물일수록 유용한 자원으로 전환됩니다. '폐기물'이 자원으로 될 수 있는 것은 리사이클의 보급을 통하여 인식되게 되었습니다만, 실은 '유해물질' 또한 '유용자원'이 될 수 있습니다.

폐기물처리에 있어서도 유해금속을 함유하는 소각재와 오니를 어떻게 최종 처분할까를 추구하는 기술이 아니라 소각재와 오니로부터 유해금속을 회수하는 기술을 우선하는 구조를 만드는 것이 좋습니다.

셋째는 처분장을 영구 감시하는 것입니다.

오염물질은 오염대책기술을 적용해서 최종처분장으로 운반됩니다. 첫 번째와 두 번째 대책만으로도 그 종류와 양을 상당히 줄이는 것이 가능하지만, 그것도 완전히 없어지지는 않습니다. 처분장으로부터의 오염의 가능성은 시간이 가면서 감소한다고 단정할 수 없습니다. 수십, 수백 년 후에 오염이 일어나는 일도 있을 수 있습니다.

그러나 오염을 영구히 봉해 넣는 기술은 있을 수 없습니다. 오히려 기술로는 대응할 수 없다는 것을 전제로, 오염을 감지하여 대처하도록 하는 시스템을 정비하는 쪽이 효과적입니다.

독일에서는 전국의 처분장 터 7만 개소, 공장 터 17만 개소에 대하여 영구 감시를 하고 있습니다. 토양오염이 발견되면 캡슐로 덮음과 동시에 철제 시트 파일을 박아 넣어 지하수 오염을 막습니다. 그 비용은 오염을 일으킨 해당 기업이나 개인이 있는 경우는 당사자 부담, 그렇지 않은 경우는 주가 80%, 기초단체가 20%를 부담하게 되어 있습니다.

오염을 근본적으로 해결하는 관건은 '오염대책기술'이 아니고 이상의 세 가지 원칙에 기반한 사회 시스템, 말하자면 '오염방지의 사회 시스템'을 구축하는 것입니다.

순환형사회 만들기에서는 바로 '자원의 재생이용'에 관심이 가기 쉽습니다만, 그 전제로서 '오염방지의 사회 시스템'을 만들어 '오염의 발생억제'를 꾀하는 것 그리고 유해물질을 '유용자원'으로 이용하는 것이 중요합니다. 바꾸어 말하면 '오염방지의 사회 시스템' 없이 진정한 '순환형사회'는 있을 수 없습니다.

제4장

생활 쓰레기는
누가 처리해야 하는가

1. 생활 쓰레기의 처리비용은 누가 부담해야 하는가

가정에서 나오는 쓰레기는 누구의 비용으로 처리해야 하는지 기본으로 돌아가서 생각해 봅시다.

생활 쓰레기는 각 가정이 내보내는 것이므로 비용도 각 가정이 부담하여 처리해야 하는 것일까요? 아니면 공공의 책임으로 처리해야 하고, 처리비용도 개인부담이 아닌 세금으로 부담해야만 하는 것일까요? 아니면 다른 접근 방법이 있는 것일까요?

나의 접근 방법을 먼저 소개한다면 '음식물쓰레기를 제외한 생활 쓰레기는 생산자 부담으로 처리해야 한다'고 생각하고 있습니다. 이 결론에 이르기까지의 사고과정을 짚어가고자 합니다.

현재 생활 쓰레기는 그 비용을 원칙적으로 시군구의 세금으로 마련하여 처리하고 있으며, 각 가정이 수익자 부담 원칙에 따라 돈을 내는 유료제로 되어 있지는 않습니다. 생활 쓰레기 처리 서비스는 '공공재'의 성격을 띤다고 여겨지기 때문입니다.

공공재라는 말은 평소 귀에 익지 않은 전문용어입니다만, 정의부터 소개하자면, '공공재란 소비의 비경합성, 비배제성, 필수성이란 성질을 지님으로 수익자 부담 원칙이 들어맞기는 어렵고, 따라서 시장에 의해서는 공급되기 어렵기 때문에 공공에 의해 공급되는 재화·서비스'를 의미합니다. 예를 들면 폐기물처리 외에 도로와 공원의 건설·관리, 외교, 소방, 경찰 등이 공공재입니다.

도로를 예로 들면, 도로는 A씨가 이용하고 있다고 해서 B씨가 이용할 수 없게 되는 것은 아닙니다(비경합성). 또 특정한 사람이 이용할 수 없는 것도 아닙니다(비배제성). 또한 사회생활을 영위하는 데 반드시 필요합니다(필수성). 이렇듯 도로라는 재화는 공공적인 성질을 가지고 있으므로 통상적으로 도로의 건설·관리는 공공(국가와 지방공공단체)에 의해 행해집니다.

물론 도로를 수익자 부담 원칙에 기초하여 시장(민간기업)에 의해 공급하는 것도 불가능한 것은 아닙니다만, 그러기 위해서는 유료도로와 같이 도로에의 진입을 제한하고서, 진입장소마다 요금소를 세워 도로를 사용하는 차와 사람으로부터 요금을 징수하여 건설비를 회수해야 합니다. 고속도로처럼 그렇게 운영하는 것도 불가능한 것은 아닙니다만, 교통체증은 격화되고 요금징수에 소요되는 비용은 막대해집니다. 그 때문에 도로는 통상 누구든 사용할 수 있는 것으로서 공공에 의해 공급되며, 그 비용은 세금으로 마련되는 것입니다. 단 사회적으로 필요한 일정량을 초과하여 더 나은 쾌적함·편리함을 제공하는 고속도로와 같은 특별한 도로는 수익자 부담에 의해 공급되는 구조로 되어 있는 것입니다.

경찰도 마찬가지입니다. 경찰이라는 서비스를 시장에서 공급하도록 하면, 예를 들어 강도가 나타난 현장에 급히 달려온 '경찰주식회사'는 피해자에 대하여 구출료를 지불할 것인지 안 할 것인지의 교섭부터 시작하게 됩니다. 그리고 지불하는 피해자는 구출하고, 지불하지 않는 피해자는 방치되고 맙니다. 그리 되어서는 곤란하기 때문에 경찰은 원칙적으로 공공에 의해 공급되며 그 재원은 세금으로 마련되는 것입니다. 소방도 마찬가지입니다. 화재 현장에 급히 달려온 '소방주식회사'는 소화료消火料를 지불할 것인지 안 할 것인지의 교섭부터 시작하게 됩니다. 교섭이 난항을 겪으면 서서히 불이 번지고 맙니다. 혹은 '소방주식회사'가 기업의 존속을 위해 방화를 하는 것도 충분히 일어날 수 있습니다. 단 사회적으로 필요한 일정한 범위의 서비스는 공공에 의해 공급하며, 그것을 넘어서는 특별한 서비스는 경비보장회사와 같은 민간기업에 의해 수익자 부담으로 공급되도록 되어 있습니다.

다만 최근에는 구미와 일본에서도 규제완화, 시장원리의 명목으로 '작은 정부'[30]가 주장되어 공공재가 민간으로 옮겨지는 경향이 강해지고 있습니다. 그런 경향이 과도하게 진전되어 수도 민영화와 우정 민영화가 실패로 끝나는 등, '민영화의 폐해'도 세계 각국에서 드러나고 있습니다. '작은 정부'를 외치게 된 배경에는 공공재가 고비용으로 된 점이 있습니다만, 앞으로 정부나 지자체 등이 비용을 절감하여 저비용으로 시민에게 필요한 공공재를 제공하고, 그 범위를 넘는 고율요금의 재화·서비스는 시장이 제공하는 식의 구조(경찰과 경비회사)를 되찾을 필요가 있을 것입니다. 공공재에는 세금이 지출되기 때문에 본래 그러한 구조가 만들어져야 할 것입니다.

그런데 생활 쓰레기의 경우를 생각해 봅시다. A씨가 쓰레기 수거 서비스 혜택을 누렸다고 해서 B씨가 같은 혜택을 누리는 것이 불가능한 것은 아닙니다(비경합성). 특정한 사람이 배제되는 일도 없습니다(비배제성). 또 시민 누구든지 반드시 필요로 하고 있습니다(필수성). 따라서 생활 쓰레기 처리 서비스는 공공재의 성질을 갖고 있어 원칙적으로 공공에 의해 공급되고 있는 것입니다. 그리고 생활 쓰레기 처리는 '지방자치법'에서 '기초자치단체의 자치사무'로 자리매김되어 있어 그 때문에 세금(지방세)이 지출되고 있습니다.

---

[30] 작은 정부: 경제·사회정책 영역에서의 정부의 역할을 삭감하여 시장기구와 경쟁에 많은 것을 맡기는 것. 이에 의해 재정적자와 정부규제를 개선하고, 공영기업의 민영화를 촉진하여 자본주의 경제의 재활성화를 꾀하려고 했다.

3. 세금부담의 쓰레기 처리는 무엇을 초래했는가

생활 쓰레기 행정의 발자취를 간단히 회고하여 봅시다.

근대 일본의 청소행정은 메이지 시대에 공중위생을 목적으로 시작되었습니다. 메이지 시대에 들어오면 해외로부터의 사람과 물자의 유입이 증가하고, 구미로부터 들어온 콜레라 등의 전염병이 유행하게 됩니다. 그 때문에 전염병을 옮기는 파리와 쥐 등의 번식을 억제할 목적으로 '오물청소법'(1900)이 제정되어 청소행정이 시작되었던 것입니다.

청소행정의 역사에서 볼 수 있듯이 세금에 의한 처리는 기본적으로 생활 쓰레기가 음식물쓰레기로서, 청소행정의 목적이 공중위생이던 시대의 제도입니다. 음식물쓰레기는 어떤 가정으로부터도 나오는 것이고, 처리해도 그다지 유해한 것은 나오지 않으며 환경오염도 초래하지 않습니다. 생활 쓰레기가 음식물쓰레기뿐이므로 세금으로 처리해도 상관없을 것입니다.

현행법인 '폐기물처리법'(1970)은 '오물소제법'과 '청소법'[31](1954)이 '공중위생의 향상'을 목적으로 한 데 대하여 '생활환경의 보전'과 '공중위생의 향상'이라는 두 가지 목적을 내걸고 제정된 것입니다. '폐기물처리법'에 '생활환경의 보전'이라는 새로운 목적이 추가

---

[31] 청소법: 오물의 위생적 처리와 생활환경의 청결유지에 의한 공중위생의 향상을 목적으로 하여 제정되어 대상은 오물(쓰레기, 연소재, 오니, 분뇨 및 개 및 고양이, 쥐 등의 사체)로 되었다.

되어 들어간 배경에는 석유화학산업이 발달하여 플라스틱을 비롯한 유기합성물질이 대량으로 생산되게 되었다는 사정이 있습니다. 유기합성물질이 대량으로 생산·소비되어 폐기물로서 생활환경 중에 배출되게 되었기 때문에 공중위생을 실현하는 것만으로는 안심할 수 없게 되어 '생활환경의 보전'이 새로이 법의 목적으로서 내세워지게 된 것입니다.

유기합성물질과 유해금속을 함유하는 생산물이 대량으로 생산되면 폐기물 처리 과정에서 염화수소와 다이옥신을 비롯한 유기할로겐[32]과 유해금속 등의 처리가 필요해집니다. 그 때문에 폐기물 처리비가 높아집니다.

그러나 세금부담에 의한 쓰레기 처리에서는 얼마의 처리비가 들더라도 생산자인 기업은 아무렇지도 않습니다. 기업의 관심사는 가격에 반영되는 생산비뿐이며, 생산비를 낮추기 위한 노력은 열심히 추구하면서도 처리비는 세금으로 충당되기 때문에 얼마가 들든 전혀 상관없습니다. 따라서 세금부담에 의한 쓰레기 처리에서는 처리라는 것을 생각하지 않는 생산이 행해지며 처리비가 높은 생산물이 범람하게 되는 것입니다.

---

[32] 유기할로겐: 불소, 염소, 브롬, 요오드의 네 원소를 할로겐 원소라고 하며, 할로겐 원소를 함유하는 유기물을 유기할로겐이라고 한다.

4. 생활 쓰레기 유료화의 논거는 어디가 잘못되었는가

처리비가 높은 생산물이 대량으로 생산되고 소비되면, 자치단체의 쓰레기 처리비가 상승하여 재정을 압박하게 됩니다. 그 때문에 생활 쓰레기의 유료화를 추진하는 자치단체가 나타나게 되었습니다. 생활 쓰레기 유료화 추진의 논거는 주로 두 가지입니다.

첫 번째 논거는 '유료화하면 코스트 의식이 생겨 쓰레기양이 줄어든다'고 하는 것이며, 두 번째 논거는 '쓰레기를 많이 내놓는 자가 많이 부담하므로 공평해진다'고 하는 것입니다.

이 두 가지 생활 쓰레기 유료화의 논거를 검토해 봅시다.

유료화로는 쓰레기양은 줄지 않는다

과연 유료화로 쓰레기양은 줄어드는 것일까요?

[표 1]을 보아주십시오. 환경청 "리사이클 관련시책 시군구 조사결과 보고서"(1993년 12월)에 게재된 데이터입니다만, 쓰레기 유료화에 수반하여 쓰레기양이 감소했다고 하는 시군구의 비율은 의외로 적어 약 48%입니다. 거기에 줄었다고 답한 반수 이상의 시군구에서 쓰레기의 양이 준 대신에 불법투기가 증가하고 있습니다.

1993년 당시는 유료화를 시작한 시군구의 다수가 보조금을 지급하면서 가정용 소각로를 보급시키고 있었으므로, 쓰레기양이 줄고 불법투기가 증가하지 않은 시군구에서도 가정용 소각로의 효과였던 경우가 적지 않은 것입니다.

실은 유료화에 따르는 쓰레기 감량에는 체중 감량과 비슷한 리바운드 효과가 있다는 것이 알려져 있습니다. 쓰레기 감량 효과는 1~2년에 지나지 않고, 그 이후는 다시금 상승하는 것입니다.

이어서 아래의 [그림 1]을 보아주십시오. 2005년에 환경성이 내놓은 '일반폐기물 처리에서의 유료화 상황에 관하여'라는 문서 가운데 유료화 추진의 근거가 된 다이어그램입니다. 2002년도에 실시한 '쓰레기처리 유료화에 관한 조사' 결과를 정리한 것입니다. 이 다이어그램에 관하여 환경성은 다음과 같이 해설하고 있습니다.

[표 1] 쓰레기 유료화에 수반하는 감량 효과 · 불법투기

단위: %, 괄호 안은 시군구 수

	감량 효과 있고 불법투기 증가하지 않음	감량 효과 있고 불법투기 증가	감량 효과 없고 불법투기 증가	감량 효과 없고 불법투기 증가하지 않음	기타
모두 유료화	25.3(136)	26.4(142)	9.3(50)	23.8(128)	15.1(18)
일정 이상 유료화	17.5(24)	16.8(24)	10.2(14)	35.0(48)	20.4(28)
합계	23.7(160)	24.5(166)	9.5(64)	26.1(176)	16.1(46)

출전: 환경성 "리사이클 관련 시책 시군구 조사결과 보고서"

[그림 1] 쓰레기 유료화와 1인 1일당 배출량의 추이

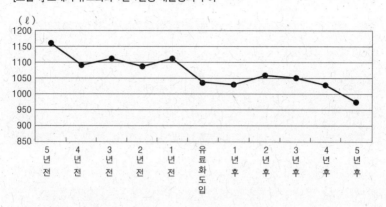

출처: 환경청 '일반폐기물 처리에서의 유료화 상황에 관하여'

"(3) 가정계 일반폐기물의 유료화와 감량 효과

헤이세이 3년도부터 13년도 사이에 가정계 일반폐기물을 유료화한 인구 10만 이상의 23개 자치단체에 관하여 유료화 5년 전부터 유료화 5년 후까지의 1인당 1일 배출량의 평균치(사업장 일반폐기물을 포함한다)의 추이를 아래 그림에 보여줍니다. 유료화 2~3년 후에 차차 증가한 후, 4~5년 후에 감소하는 경향이 보입니다."

그러나 이것은 실로 우스운 해설입니다. 그래프를 보면 유료화 도입 후 4년 후까지는 거의 수평으로 가며, 5년 후에는 감소하고 있습니다. 유료화로 쓰레기가 감소하는 경우에는 리바운드 효과

가 있을 것이기 때문에 4년 후까지 수평이라는 것은 유료화로 감량한 시군구가 거의 없다는 것을 의미합니다. 또 감량 효과가 5년 후에 돌연 나타나는 것은 있을 수 없기 때문에 5년 후의 감량에는 유료화 이외에 뭔가 다른 요인이 작용하고 있다고 생각할 수밖에 없습니다.

후쿠오카 현 구루메 시에서는 유료화를 해도 쓰레기가 줄어들지 않다가 유료화 5년 후에 17종류로 분리선별을 시작한 결과 대폭 감량한 형국입니다. 2005년 3월과 4월에 열린 환경성·총무성 간의 교섭[33]에서 구루메 시 내지 구루메 시와 비슷한 시군구가 포함되어 있을 것이라고 예상하여 그래프의 기초가 된 23개 자치단체의 이름의 공표를 요구한 것인데, 환경성은 당초 '자치단체의 프라이버시'를 이유로 완강히 공표를 거부했습니다. 후일 국회의원으로부터 요청을 받기도 하여 결국 공표했습니다만, 예상대로 23개 자치단체 가운데는 구루메 시도 포함되어 있었습니다. 이렇게 자세히 보면 그래프는 환경성의 해설과는 정반대로 유료화에 의한 감량 효과가 없음을 보여주고 있는 것입니다. 3월의 교섭에서

---

[33] 환경성·총무성간의 교섭: 2005년 3월 11일 및 4월 26일에 곤도 쇼이치 의원, 사토 겐이치로 의원에 의해 중의원 의원회관에서 열린 환경성·총무성 교섭. 3월 교섭 종료 시에 의원으로부터 공표를 요청받은 환경성은 4월 교섭 종료 후에 공표했다. 공표된 23개 시는 다음과 같다. 지바 현 노다 시, 홋카이도 무로란 시, 도쿄도 히노 시, 이바라키 현 히다치나카 시, 오사카부 돈다바야시 시, 도쿄도 오메 시, 오키나와 현 오키나와 시, 오사카부 가와치나가노 시, 후쿠야마 현 다카오카 시, 야마구치 현 시모노세키 시, 오이타 현 벳부 시, 기후 현 오가키 시, 오키나와 현 우라소에 시, 후쿠오카 현 구루메 시, 구마모토 현 야츠시로 시, 에히메 현 이마바리 시, 사가 현 사가 시, 아오모리 현 하치노헤 시, 기후 현 다치미 시, 나가노 현 나가노 시, 치바 현 야치노 시, 후쿠오카 현 기타큐슈 시, 사이타마 현 지치부광역시 마치 무라권 조합

설명의 문제점을 지적받은 환경성은 4월 교섭의 장에서 '내부에서 검토한 결과 문제가 있다고 판단되었음으로 그래프를 철회합니다' 라고 회답했습니다.

유료화에 의한 감량 효과에 관한 전국적인 데이터는 이 [표 1], [그림 1]밖에 없기 때문에 유료화로 쓰레기가 줄어드는 것을 보여주는 전국적인 데이터는 전혀 없습니다.

유료화가 생활 쓰레기의 감량에 별로 효과를 갖지 못하는 가장 큰 이유는 유료화가 도입되어도 생산물이 달라지는 일이 없기 때문입니다. 생산물은 조만간 반드시 폐기물로 되기 때문에 생산물의 양이 적어진다든지 생산물의 질이 더욱 리사이클하기 쉽게 변한다든지 하지 않는 한 쓰레기양은 줄어들지 않는 것입니다.

생활 쓰레기 문제를 해결하려면 생산물을 변화시켜야 합니다. 생산물이 더 처리하기 쉬운 것, 처리비가 저렴한 것, 리사이클하기 쉬운 것, 리사이클 비용이 저렴한 것으로 변해가면, 생활 쓰레기의 처리비용은 상당 정도 낮아져 갑니다.

이러한 생산물의 변화를 촉진하는 데 어떤 구조가 필요한지는 뒤에 가서 설명하고자 합니다.

유료화는 공평하게 되지 않는다

유료화 추진의 또 하나의 논거는 '쓰레기를 많이 내놓는 자가 많이 부담하므로 공평하게 된다'는 것입니다.

과연 유료화하여 지정봉투의 수에 따라 처리 요금을 지불하도록 하면, 세금부담의 경우보다 조금은 더 공평해질 것입니다. 그러나 그 공평성은 쓰레기의 부피(용적)에 따른 공평성에 지나지 않습니다.

예를 들면 염화비닐 랩은 에틸렌 랩보다 부피가 클 뿐 아니라 그 중에 염소를 함유하여 소각하면 염화수소와 다이옥신을 발생시키기 때문에 폴리에틸렌 랩보다도 처리비가 더 듭니다. 즉 지금의 쓰레기 처리비는 쓰레기의 부피만이 아니라 쓰레기의 질에 따라 비용이 드는 것입니다. 당연히 쓰레기 처리비의 공평성을 유료화에 의해 실현하려면, 쓰레기의 질에 따른 공평성을 실현하는 것이 필요하게 됩니다. 그러기 위해서는 각 가정의 쓰레기봉투를 열어 쓰레기의 질 별로 분류하여 각각의 무게를 달아 각각의 쓰레기의 처리단가를 붙여 합산하는 작업이 필요해집니다. 플라스틱에도 갖가지 종류가 있으며 쓰레기 처리단가가 다름으로 분류는 아마도 수십 종류 내지 수백 종류가 될 것입니다. 그러한 작업을 모든 수집구역에 걸쳐 하려면 방대한 일손이 필요해 인건비가 너무 크기 때문에 불가능합니다.

가정으로부터 배출되는 쓰레기의 양·질에 따른 참된 공평성은 어떻게 하면 실현할 수 있는 것일까요? 이것도 나중에 설명하려고 합니다.

5. 유료화는 불법투기를 부르다

유료화하면 쓰레기 불법투기가 증가하는 것은 자명한 일이라고 생각됩니다만, 어째서 불법투기가 일어나는지 원리적으로 생각해 봅시다. 그것이 이해되면 불법투기가 일어나지 않는 구조를 생각해 낼 수도 있습니다.

불법투기 문제는 물이나 전기와 쓰레기 간의 본질적인 차이를 생각하면 알 수 있습니다.

폐기물은 '부의 재'

쓰레기를 불법투기하는 사람은 있습니다만, 물이나 전기를 버리는 사람은 없습니다. '정$_正$의 재'(물이나 전기 등), '부$_負$의 재'라는 용어를 써서 이 두 가지의 본질적인 차이를 설명해 봅시다.

[그림 2]를 보아주십시오.

통상적인 상거래에서는 B씨가 A씨로부터 재화를 살 때, 물건은 A씨로부터 B씨에게 넘어갑니다. 그 대신에 돈이 B씨로부터 A씨에게 인도됩니다. 이것이 '정의 재'의 경우입니다. 즉 '정의 재'에 있어서는 물건의 흐름과 돈의 흐름은 반대방향을 향하고 있습니다.

다른 한편 쓰레기의 경우에는, A씨로부터 B씨에게 쓰레기(부의 재)가 넘겨질 때 돈 또한 A씨로부터 B씨에게 넘어갑니다. 즉 양자의 흐름이 같은 방향을 향하고 있습니다. 한쪽에서는 돈을 지불하고 또 한쪽에서는 쓰레기를 인수받는 것입니다. '부의 재'라는 것

[그림 2] 정의 재와 부의 재

은 이렇게 물건의 흐름과 돈의 흐름이 동일방향을 향하고 있도록 한 재를 말하는 것입니다.

'정의 재'와 '부의 재'에는 결정적인 차이가 있습니다. 그것은 부의 재가 어째서 불법투기로 연결되는가 하는 점입니다.

만약 '정의 재'를 불법투기하면 어떻게 되겠습니까?

[그림 3]을 보아 주십시오.

[그림 3] 정의 재에서의 불법투기

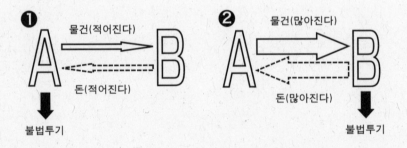

A씨(생산자)가 '정의 재'를 불법투기하면, B씨에게 넘기는 양이 적어져서 그 결과 얻어지는 돈도 적어지므로(❶) A씨는 불법투기를 하는 일은 없습니다. 다른 한편 B씨가 불법투기를 한다면 B씨의 필요량은 일정하기 때문에 B씨는 필요량 이상의 양(필요량+불법투기한 양)을 A씨로부터 사들여야 합니다(❷). 예를 들면 수돗물을 불법투기하는 경우에는 수도요금을 쓸데없이 내야 합니다. 요금을 쓸데없이 내면서까지 불법투기하는 사람은 있을 수 없습니다. 그러므로 '정의 재'에서는 불법투기는 일어날 수 없습니다.

 다른 한편 쓰레기(부의 재)의 경우는 어떻겠습니까?

 [그림 4]를 보아주십시오.

[그림 4] 부의 재에서의 불법투기

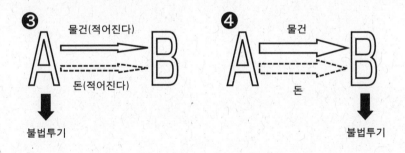

 '부의 재'에서는 A씨가 불법투기를 하면 한 만큼 이득을 봅니다. 불법투기를 한 양만큼 B씨에게 넘기는 쓰레기의 양이 줄어들어 처리비로 지불하는 돈도 절약할 수 있기 때문입니다(❸).

또 B씨도 받아들인 쓰레기를 불법투기하면 받은 처리 요금보다 저렴하게 처리를 끝내기 때문에 이익을 봅니다(❹).

산업폐기물에 국한해서 말하자면, 배출사업자 자신도 또 배출사업자로부터 위탁을 받은 처리업자도 불법투기를 하면 이익을 보게 됩니다. 그래서 '부의 재'에 있어서는 불법투기가 일어나는 것입니다.

이렇게 쓰레기(부의 재)를 유료화하면 불법투기가 증가하는 것은 '부의 재'의 본질에 뿌리를 둔 현상인 것입니다. 이것을 무시하고 물이나 전기와 같이 생활 쓰레기의 처리 서비스도 유료화하면 된다고 하는 것은 안 됩니다.

'부의 재'인 하수에 불법투기가 일어나지 않는 이유

하수下水도 쓰레기와 마찬가지로 '부의 재'입니다만, '부의 재'인데도 상관없이 하수도 요금을 징수당하고 있습니다. 그러나 하수도 요금을 내고 싶지 않다고 해서 하수를 몰래 개천에 흘려보내는 예를 듣지 못했습니다.

이것은 얼핏 보면 조금 전의 설명과 모순되는 모양입니다만, 하수는 '부의 재'이므로 바로 그 때문에 하수도 요금의 징수에는 불법투기가 일어나지 않도록 고안이 되어 있는 것입니다.

갖고 계시는 수도요금 청구서를 확인해 보십시오. 하수도 요금은 하수의 양에 따라 처리 요금을 징수당하는 것은 아니며, 수돗물(상수)의 사용량에 따라 징수되고 있는 것입니다. 수량을 재는 미터기는 하수도에는 연결되어 있지 않고 상수도에만 연결되어 있습니다. 그 때문에 하수를 불법투기해도 하수도 요금은 조금도 싸지지 않습니다. 만약 '하수도에 흘려보낸 양에 따라 하수도 요금을 징수한다'는 제도로 변경되면 하수를 공지와 냇가와 바다에 흘려보내는 일이 일어날지도 모릅니다.

하수는 '부의 재'이지만, 요금징수가 이와 같이 고안되어 있기 때문에 유료로 해도 불법투기로 연결되지 않는 것입니다. 말하자면 '부의 재'인 쓰레기의 경우에도 불법투기가 일어나지 않는 요금의 징수 방법이 있어야 합니다. 이 구조도 나중에 '확대생산자책임'을 설명할 때 소개하려고 합니다.

6. 유료화는 인간의 마음을 혼란하게 한다

유료화되어도 도덕성이 확고한 사람은 불법투기와 쓰레기 불법반입을 일삼는 일은 없을 것입니다. 그러나 도덕성이 있는 사람만으로 구성되는 사회는 있을 수 없습니다. 반드시 불법투기와 쓰레기 불법반입은 생겨납니다. 도덕성이 확고한 사람도 그렇지 않은 사람도 모두 불법투기 등을 하지 않도록 사회구조를 만들 필요가 있습니다.

불법투기의 양상은 유료화의 부담액과 불법투기의 용이성에 따라서 달라집니다. '가전리사이클법'[34]과 같이 가전 한 대의 배출에 대하여 수천 엔 정도 부과되는 식의 제도를 만들면 불법투기는 대폭 증가할 것입니다. 또 산림과 바다가 가까이 있는 지역일수록 불법투기의 피해지가 되기 쉬울 것입니다.

'불법투기는 감시강화로 방지한다'는 대책이 나와서 실제로 시청이나 주민센터 등에 의한 순찰 내지 한 대에 수천만 엔 정도 하는 감시카메라의 설치가 이루어지는 일도 적지 않습니다. 그러나 불법투기자는 때와 장소를 자유로이 선택하는 게릴라 같은 자입니다. 순찰이 지나간 후에 버리면 되고, 감시카메라도 카메라의 각도 바깥이나 발밑에서는 효과가 없습니다. 감시에 의해 불법투기자가 잡힐 가능성은 대단히 낮을 것입니다.

유료화는 자치단체의 재정난을 이유로 추진되고 있습니다만, 효과가 빈약한 감시에 막대한 세금을 쏟아붓는 식으로는 재정면에서도 플러스가 될지 의심스러운 것입니다. 게다가 감시강화는 '상부에서 시민을 감시'하고, 나아가 '시민이 시민을 감시'하는 감시사회를 만들게 됩니다. 그러한 상호감시의 어색한 사회 구조를 만들기보다는 누구도 불법투기를 하지 않는 그런 사회적 구조를 만들어야 합니다. 예를 들면 가정으로부터 텔레비전을 버릴 때 무료로 전파사 등이 인수해 주면 누가 굳이 야산까지 텔레비전을 버리

---

[34] 가전리사이클법: 가전 메이커에게 폐가전제품의 리사이클을 의무 지우는 법률. 메이커, 판매점에는 개별적으로 회수, 분해, 재생이용의 루트 확립 등을 의무 지우는 한편으로 소비자의 비용부담을 원칙으로 한다. 2001년 4월부터 시행되었다.

러 가겠습니까?

인간은 아름다운 마음도 초라한 마음도 같이 가지고 있습니다. 인간의 아름다운 마음을 끄집어내어 펼쳐갈 것인가 아니면 초라한 마음을 부추겨 갈 것인가는 어떠한 정책이 취해지는가, 어떠한 제도가 만들어지는가에 의해 알 수 있습니다. 인간의 초라한 마음을 부추겨 놓고 그 결과인 불법투기에 대하여 감시와 처벌로 대하려고 하는 유료화는 인간 마음의 면에서도 바람직한 것은 아닙니다.

7. 생활 쓰레기 유료화는 지방자치법 위반

그렇다면 생활 쓰레기 유료화의 좋고 나쁨과는 별도로 법적으로는 유료화할 수 있는 것일까요? '지방자치법' 등의 법률에 기초하여 검토해 봅시다.

조금 전문적인 이야기가 되겠습니다만, 일상적으로 배출되는 생활 쓰레기를 유료화하는 것은 '지방자치법' 위반이 될 가능성이 큽니다.

자치단체가 수수료를 징수하기 위해서는 조례를 정해야 하며('지방자치법' 228조 1항), 또 조례는 법률의 범위 내에서 정해야 합니다(헌법 94조). 따라서 법률의 범위 내에서 쓰레기 처리에 관한 수수료 징수가 가능하지 않다면 생활 쓰레기 유료화는 할 수 없는 것이 됩니다.

시민 전원을 대상으로 한 유료화는 '지방자치법' 위반

'지방자치법'(227조)은 수수료에 관하여 '보통지방공공단체는 당해 보통지방공공단체의 사무로 특정한 자를 위하여 하는 것에 대하여 수수료를 징수할 수 있다'고 규정하고 있습니다. 바꾸어 말하면 특정한 자를 위해 하는 사무 이외의 것에 관해서는 수수료를 징수할 수 없다는 규정입니다.

'지방자치법'의 주무관처인 총무성은 지금도 '지방자치법'(227조)의 해석으로서 총무성의 전신인 자치성 시대의 다음의 행정실례를 듭니다.

자치성 자치과장 쇼와 24년 3월 14일 회답

"'특정한 개인을 위하여 하는 사무'란 일개인의 요구에 기초하여 주로 그 자의 이익을 위해 행하는 사무(신분증명, 인감증명, 공문서열람 등)라는 뜻이며, 그 사무는 일개인의 이익 또는 행위(작위, 부작위) 때문에 필요하게 된 것이어야 하며 오직 지방공공단체 자신의 행정상의 필요를 위하여 하는 사무에 관해서는 수수료는 징수할 수 없다."

이 회답에 의하면 수수료를 징수할 수 있는 사무는 '일개인의 요구에 기초하여 주로 그 자의 이익을 위하여 행하는 사무(신분증명, 인감증명, 공문서열람 등)'이며, '일개인의 이익 또는 행위(작위, 부작위) 때문에 필요하게 된 것이어야 한다'는 것입니다.

생활 쓰레기의 수집, 운반, 처분은 '일개인의 요구에 기초하여 주로 그 자의 이익을 위해 행하는 사무'도 '일개인의 이익 또는 행위 때문에 필요하게 된 사무'도 아닙니다. 그것은 시민으로부터 요구받는 일도 없고, '시군구가 처리해야 하는 사무'입니다. 그것은 '지방자치법'(2조)에 정해져 있습니다. 또 시군구는 청소사업이 '시군구가 처리해야 할 사무'이기 때문에 그것에 필요한 비용을 지방세로서 주민으로부터 징수합니다. 따라서 '지방자치법'에 근거하면 생활 쓰레기의 수집·운반·처분에 관하여 수수료를 징수해서는 안 됩니다.

그러나 가구나 가전제품 등의 대형 쓰레기의 경우에는 가정으로부터 일상적으로 배출되는 쓰레기가 아니고, 또 시군구 측에서도 대형 쓰레기 수집차로 수집하는 등 특별한 수집체제와 특별한 비용을 필요로 하기 때문에 시군구의 수집을 요청하는 주민으로부터의 요구에 기초하여 수수료를 징수하여 특별한 수집체제에 의해 수집·운반·처분하는 것은 가능합니다. 그러나 음식물쓰레기와 플라스틱 등 가정으로부터 일상적으로 배출되어 특별한 수거체계가 필요하지 않은 쓰레기에 관하여 수수료를 징수하는 것은 '지방자치법'(227조)에 위반되는 것입니다.

환경성 답변은 오락가락

조금 전에도 소개한 2005년 3월과 4월에 열린 환경성·총무성과의 교섭에서도 유료화의 적법성에 관하여 논쟁을 했습니다. 총무성은 '지방자치법'(227조)의 해석으로서 '자치과장 쇼와 24년 3월 14일 회답'을 설명할 뿐이었는데 환경성 답변은 오락가락했습니다.

환경성은 우선 3월 11일 교섭에서는 가나자와 지방재판소 판결[35](쇼와 41년 1월 28일)을 끌어다가 자신의 논거로 삼았습니다. 그러나 이 판결에서 쟁점이 된 가나자와 시의 사례는 쓰레기 처리를 시에 의뢰하는 취지의 신청을 낸 시민으로부터만 수수료를 받았던 사례이며, '지방자치법'(227조)에 반하지 않는 사례였습니다.

가나자와 지방재판소 판결을 상세히 검토하면 할수록 불리하게 되기 때문인지 4월 26일 교섭에서는 환경성은 이 판결을 일체 원용하지 않고, 대신에 첫 번째로 주장한 것은 '수집구역이 시군구 전역에 걸쳤다고는 할 수 없기 때문에 일부 시민의 요구에 해당한다'는 것이었습니다.

첫 번째 주장은 '실태로서는 전역에 걸쳐 있다'는 반론에 부딪쳐 즉시 철회되었습니다.

---

[35] 가나자와 지방재판소 판결: 가나자와 시의 생활 쓰레기 유료화에 관하여 '지방자치법에 위반된다'는 뜻을 판시한 판결. 그후 쇼와 41년 2월 10일에 나고야 고등재판소 가나자와지부에 항소한 후, 동년 5월 12일에 '소 취하'가 이루어져서 기판력이 없는 판결이 되어 있다. 가나자와 시 청소조례의 '생활 쓰레기 수수료 조항'도 동년 4월 1일에 폐지되었다(후지사와 시민 수와 겐지 및 고바야시 스키오의 조사에 따른 것이다.).

두 번째로 들고 나온 것은 '자가自家처리할 수 있는데 시군구 수집에 내놓으니 일부의 시민이 요구한 것에 해당한다'는 것이었습니다. 그것도 '플라스틱 쓰레기는 자가처리할 수 없다'는 반론으로 간단하게 부정되어 철회되었습니다.

세 번째로 내놓은 것은 '일반폐기물의 처리업자에게 의뢰할 수 있는데도 불구하고 시군구 수집 쪽에 내놓은 것이므로 시군구에 수집 요구를 한 것이 된다'는 것이었습니다. 그러나 이것도 일반폐기물의 처리가 시군구의 책임인 것을 지적당해 철회되었습니다.

마지막으로 환경성이 들고 나온 것은 '시민이 지정봉투에 넣어 지정된 장소에 내놓으면 그것으로 시군구에 수집해 줄 것을 요구한 것이 된다. 결과적으로 시민 전원이 그렇게 했더라도 그것은 시민 전원이 주민등록표 교부를 요구한 것과 같다'는 논리였습니다.

그것은 실은 억지 논리이며 통상적인 판단력을 지닌 사람이라면 도저히 동의할 수 없을 것입니다. '요구'라는 것은 요구하지 않을 자유도 있어야 비로소 요구라고 말할 수 있는 것이어서 그 이외의 선택지選擇肢가 없이 강제되고 있는 것이라면 '요구'라고는 말할 수 없을 것입니다. 게다가 '지정봉투의 구입'이라는 돈의 지불을 강제해 놓고는 지불한 것을 가지고 강제할 수 있었던 근거로 삼는 것이므로 강도마저 합법화할 수 있다는 억지에 불과합니다.

교섭을 이러한 억지로 면피하는 것밖에 없었는데도 불구하고 그 후에도 환경성은 유료화 추진을 계속하여 그 후 '일반폐기물처리 유료화 매뉴얼'(2007년 6월)이라는 문서를 내놓았던 것입니다.

가나자와 지방재판소 판결의 '은혜를 원수로 갚는다'는 억지

그런데 환경성은 2005년 3월 11일 교섭에서 행한 것처럼 잠시 가나자와 지방재판소 판결을 유료화의 법적 논거로 한 일이 있었습니다. 이 판결은 대단히 논리전개가 이해하기 어려운 판결이었지만, 그 논지는 '청소 사무는 법에 의해 시에 부과된 의무이며 시의 이익(의무이행)을 위해 하는 사무이지만, 그것만이 아니라 다른 측면에서는 시민에게도 시의 쓰레기 처리에 협력해야 할 의무가 지워져 있어서 시민 각자의 이익(의무이행)을 위해 하는 사무이기도 하므로 시민으로부터 수수료를 징수할 수 있다'는 것입니다. 이 문장이 대단히 우스운 것을 아시겠습니까? 시에 부과된 의무/시의 이익/시민의 의무/시민의 이익의 관계를 어떻게 판단하고 있는지 해독해 주십시오.

이 판결의 논리는 시의 의무(일반폐기물의 처리)에 시민이 협력하고 있음을 전혀 염두에 두고 있지 않습니다. 시민의 협력을 얻어 의무를 이행할 수 있는 것에 감사해야 할 시가 협력자인 시민에 대하여 '자신 덕분에 협력할 수 있었기 때문에 감사하라'고 말하고 있는 식입니다. 그런데도 감사를 요구하는 데다 돈까지 징수하는 것을 인정하고 있습니다. '은혜를 원수로 갚는' 억지입니다.

청소 사무는 시민의 요구에 기초하여 필요해진 사무는 아니다

이 판결의 논리는 지방세와 수수료의 관계를 전혀 이해하고 있지 않습니다.

일반폐기물의 처리(수집·운반·처분)에 필요한 일반폐기물 처리사업 경비는 주로 지방세에 의해 마련되고 있습니다. 지방세는 광역과 시군구가 복지, 교육, 소방, 구급, 쓰레기 처리 같은 갖가지 주민 서비스를 제공하기 위한 기본적인 재원이 되는 것입니다만, 일반폐기물의 처리사업 경비가 주로 지방세에 의해 마련되고 있는 것은 그것이 '시군구의 자치사무'(지방자치법 2조) 혹은 '시군구의 책임으로 행해져야 하는 사무'(폐기물처리법 6조)로 되어 있기 때문입니다.

일반폐기물의 처리사업 경비는 지방세 외에 사용료[36] 및 수수료, 지방채, 국고지출금 등을 재원으로 하고 있습니다만, 지방세가 전체의 약 70~100%를 점하고 있습니다. 재원 가운데 일반시민으로부터 징수되는 것은 지방세와 수수료입니다만, 전술한 바와 같이 수수료를 징수할 수 있는 사무는 '일개인의 요구에 기초하여 주로 그 자의 이익을 위해 행하는 사무'이며 또 '일개인의 이익 또는 행위 때문에 필요해진 사무'여야 합니다. 두 가지를 정리해 말하면 수수료를 징수할 수 있는 사무는 '일개인의 요구에 기초하여 일개

---

[36] 사용료: 행정재산의 사용과 공적 시설의 이용에 관하여 징수되는 요금으로서 폐기물처리업자가 시군구의 처리 시설을 사용할 때 등에 징수된다.

인의 이익 또는 행위 때문에 필요하게 된 사무'라는 것이 됩니다. 예를 들면 주민센터에서 주민등록표를 교부해 줄 때의 수수료 같은 경우입니다.

생활 쓰레기의 수집·운반·처분은 통상적으로 '일개인의 요구에 근거하여 일개인의 이익 또는 행위 때문에 필요하게 된 사무'는 아닙니다. 그것은 시민으로부터 요구될 것도 없고 '시군구가 처리해야 하는 사무', '지방공공단체 자신의 행정상의 필요 때문에 하는 사무'이며 그것은 '지방자치법'과 '폐기물처리법'에 규정되어 있습니다. 또 시군구는 청소사업이 '시군구가 처리해야 하는 사무'이기 때문에 그야말로 시군구가 제공하는 주민 서비스의 재원인 지방세를 청소사업의 주된 재원으로 하고 있습니다. 따라서 '지방자치법'에 따르면 일상적·표준적인 생활 쓰레기의 수집·운반·처분에 관해서는 수수료를 징수하는 것이 불가능하며 그 비용을 지방세로 마련해야 하는 것이 됩니다.

그러나 비일상적인 혹은 표준적이지 않은 생활 쓰레기의 처리의 경우에는 '일개인의 요구에 기초하여 일개인의 이익 또는 행위 때문에 필요해진 사무'도 생기는 일이 있습니다. 예를 들면 시민이 일반폐기물의 처리 시설에 폐기물을 직접 반입하는 경우가 그에 해당합니다. 시민이 일반폐기물의 처리 시설에 폐기물을 직접 반입할 경우에는 일개인의 요구에 기초하여 그 자의 이익을 위해서 추가적인 행정사무를 행하는 것이 필요하게 되기 때문입니다.

대형 쓰레기도 '일개인의 요구에 기초하여 일개인의 이익 또는 행위를 위해 필요하게 된 사무'에 해당합니다. 대형 쓰레기의 배출은 이사를 하거나 소비재의 내용연수가 지난 때 등 드물게 일어나는 일입니다. 대형 쓰레기를 배출하는 자는 개별적으로 시군구에 연락하여 처리를 의뢰하며 시군구는 통상적인 쓰레기 처리와는 별도로 의뢰자의 이익을 위해 추가적인 쓰레기 처리 서비스를 제공하는 것이 필요하게 됩니다. 이렇게 직접 반입 쓰레기와 대형 쓰레기의 경우에는 지방자치법(227조)의 요건을 충족시키기 때문에 수수료를 받는 것이 가능합니다.

요컨대 일상적·표준적인 생활 쓰레기의 처리는 '시군구가 처리해야 하는 사무', '지방공공단체 자체의 행정상의 필요를 위해 하는 사무'이기 때문에 수수료를 받을 수 없지만 다른 한편 비일상적·추가적인 생활 쓰레기의 처리는 '일개인의 요구에 기초하여 일개인의 이익 또는 행위 때문에 필요하게 된 사무'이며, 수수료를 받을 수 있습니다. 따라서 수수료를 취할 수 있는지의 여부는 일상적·표준적인 생활 쓰레기의 처리인가, 비일상적·추가적인 생활 쓰레기의 처리인가에 의해 판가름 나는 것이지, '시민에게도 시의 쓰레기 처리에 협력해야 할 의무가 있으며 시민 각자의 이익(의무이행)을 위해 하는 사무이기도 하기 때문에 시민으로부터 수수료를 징수할 수 있다'는 것은 아닙니다.

지방자치법 227조에 의하면, '일개인의 요구에 기초하여 일개인의 이익 또는 행위 때문에 필요하게 된 사무'가 아니면 수수료를 받을 수 없으므로 가나자와 지방재판소 판결의 논지에 기초하여 수수료를 취하기 위해서는 '시민의 협력 의무를 지고 싶기 때문에 수집을 원합니다' 하고 요구하는 시민이 있어야 합니다만, 그러한 시민이 있을 법하지 않습니다. 설사 있다 해도 일상적·표준적인 생활 쓰레기의 수집은 시민의 요구가 있어서 비로소 필요하게 된 사무는 아니므로 요구하지 않는 시민에게는 물론 요구한 시민에게도 수수료를 취할 수 없습니다.

가나자와 지방재판소 판결은 '청소사업이 시의 의무임과 동시에 시민의 의무이행을 위한 사무이기도 하기 때문에 시민으로부터 수수료를 징수할 수 있다'고 하고 있습니다만, 수수료를 취하기 위해서는 사무가 '시민의 이익도 되는 사무'로는 안 되고 '시민의 요구에 기초하여 필요하게 된 사무'여야 하는 것입니다. 가나자와 지방재판소 판결의 논지는, 협력을 받고 있는 자가 협력자에게 서비스를 제공하고 있다고 하는 억지 혹은 금전의 지불을 강제해 놓고 지불했다는 것을 가지고 강제할 수 있었다는 근거로 삼는 억지인데다가 일반폐기물의 처리가 원래 법률에 의해 시군구에 과해진 사무이지, '시민의 요구에 기초하고 있어 필요하게 된 사무'는 아님을 무시한 폭론일 뿐입니다.

8. 산업계·환경성은 왜 유료화를 외치는가

그런데 환경성만이 아니라 경단련도 쓰레기의 유료화를 소리

높여 외치고 있습니다. 일반폐기물의 처리는 자치단체의 고유한 사무인데도 불구하고 왜 국가가 유료화를 추진하는 것일까요? 하물며 왜 경단련이 유료화를 외치는 것일까요?

그 수수께끼를 푸는 열쇠는 쓰레기의 유료화와 동시에 플라스틱의 소각이 주장되고 있다는 점에 있습니다.

플라스틱 포장 용기의 리사이클 비용[37]은 유리와 종이 등의 다른 포장 용기에 비하여 훨씬 높습니다. 그 때문에 플라스틱 포장 용기의 분리수집이 진행되어 라싸이클양이 증가하는 것이 업계로서는 골치 아픈 문제입니다. 만약 자치단체가 플라스틱 포장 용기를 리사이클하는 대신에 소각하는 방침으로 전환하면 그만큼 업계는 리사이클 비용의 부담을 면제받게 됩니다. 다른 한편 자치단체는 포장 용기 리사이클을 하기 위해서 그 비용 총액의 약 90%를 부담하며, 재정난의 타개, 비용의 충당에 고뇌하고 있습니다. 고민하는 자치단체는 당연히 포장 용기 관련업계에 '확대생산자 책임[38]의 철저이행'을 요구하여 업계의 부담을 높이도록 요구합니다. 거기서 플라스틱의 리사이클을 중단하고 소각한다는 방침으로 전환하면 자치단체의 비용부담이 가벼워집니다. 게다가 유료화에 의해 자치단체의 수입마저 늘면 '확대생산자 책임의 철저이

---

[37] 리사이클 비용: '용기포장리사이클법'에서는 자치단체가 분리수집·보관한 포장 용기를 재상품화(리사이클) 사업자가 낙찰하는 것으로 되어 있다. 2006년도의 재상품화 사업자의 낙찰단가(톤당)는 유리병 4,200엔, 종이 용기 5,400엔인데 비하여 플라스틱 포장 용기는 8만 4,600엔이다.

[38] '확대생산자 책임': 제5장 참조

행' 요구도 그칠 것입니다. 이것이 유료화를 주장하는 경단련의 목표이며, 그것을 환경성이 뒷받침하고 있다고 생각하면, 경단련과 환경성이 '플라스틱 소각과 쓰레기의 유료화'를 외치고 있는 이유는 분명해집니다.

제5장

세금부담의 쓰레기 처리로부터
'확대생산자 책임'으로
전환한다

1. '확대생산자 책임'에 의한 쓰레기 처리의 구조

그런데 생활 쓰레기를 세금부담으로 처리하는 방식에서는 처리비가 비싼 생산물이 범람하고, 유료화의 방법에서는 불법투기가 일어나고 진정한 공평성도 확보되지 않게 된다면, 달리 어떠한 구조가 있는 것일까요?

제4장에서 소개한 하수도 요금의 예를 생각해 보십시오.

하수의 경우 그 상류로 거슬러 올라가서 '정의 재'인 상수(수돗물)에서 요금을 받도록 하고 있습니다. 쓰레기의 경우도 그 상류로 거슬러 올라가 '정의 재'인 제품단계에서 요금을 받는다면 어떨까요?

제품에서 처리 요금을 취한다는 것은 제품의 가격에 쓰레기 처리 요금을 포함시킨다는 것입니다. 제품의 생산자에게 쓰레기 처리 요금을 부담시키면 제품의 가격에 쓰레기 처리 요금을 포함시킬 수 있습니다.

실은 이 방법은 유럽에서 쓰레기 처리와 리사이클의 대원칙으로 확립되어 있는 '확대생산자 책임'의 방법입니다.

생산자 책임을 생산과 소비 단계에 그치지 않고 제품이 소비되고 나서 폐기물로 된 단계에서도 그 처리와 리사이클에 책임을 지게 하는 것, 구체적으로는 생산자에게 처리와 리사이클 비용을 부담시킨다는 것이 '확대생산자 책임'의 접근법입니다.

2. 생산의 질을 변화시킨다

'확대생산자 책임'은 생산자에게 제품 단계에서 쓰레기 처리비를 부담시킵니다. 생산자는 그 부담한 비용을 가격에 얹게 됩니다. 소비자는 쓰레기 처리 비용을 포함한 가격으로 제품을 구입하므로 쓰레기를 내놓을 때에는 무료로 넘겨줄 수 있습니다.

이렇게 되면 어떤 일이 일어날까요? 생산자는 경쟁에서 이기기 위해 가격을 인하하려는 노력을 하겠지만, 쓰레기 처리 비용도 가격에 포함되면, 쓰레기 처리 비용의 저감에 노력하게 됩니다. 쓸데없는 포장을 생략하고 처리 비용이 많이 드는 염화비닐(이하 PVC라고 칭한다)의 사용을 피하게 되고, 쓰레기 처리와 리사이클이 쉽도록 복잡한 설계는 단순화되어 갑니다. 이렇게 '확대생산자 책임'은 생산을 변화시키는 동기가 되는 것입니다.

세금부담의 쓰레기 처리 구조 하에서는 처리비가 얼마가 들더라도 생산자는 아무렇지도 않습니다. 기업에 있어서의 관심사는 가격에 반영되는 생산비뿐이며, 생산비를 낮추기 위한 노력은 필사적으로 추구하면서도 쓰레기 처리는 세금으로 행해지기 때문에 제품이 폐기물로 되었을 때 그 처리에 돈이 얼마가 들어도 아무런 상관이 없는 것입니다.

처리라는 것을 생각하지 않는 생산이 행해지며, 처리 비용이 높은 제품이 시장에 넘치는 것을 통제하는 기능은 소비자 측에는 거의 없습니다. 소비자는 제품이 폐기물이 된 때에 어떻게 처리되는지, 처리가 곤란한 것인지, 처리비가 비싼 것인지 등을 고려하여 구입하는 일은 드물며, 기본적으로는 가격이 싼 것을 구입합니다. 가격에는 생산비밖에 포함되어 있지 않기 때문에 생산비가 낮은 것이 가격도 쌉니다.

'지구를 위해 환경친화적인 제품을 삽시다', '생태적인 마음을 지닌 소비자가 됩시다' 하는 외침이 들리지만, 유감스럽게도 이 외침으로 생산·소비가 변하는 일은 거의 없습니다. 완성되어 나온 제품을 고르는 마음가짐이 문제를 해결하는 것은 아니고, 생산의 질을 변하게 하는 구조가 필요합니다.

세금부담에 의한 쓰레기 처리의 문제점은 일본 이외의 나라에서도 마찬가지입니다. 유럽에서는 쓰레기 처리의 세금부담 문제가 명확해지면서, 그것을 해결하는 접근법으로서 '확대생산자책임'[39]이 도입되어 왔습니다.

3. 쓰레기 질에 따른 공평성을 실현한다

생활 쓰레기 유료화 논거의 하나로 '쓰레기를 많이 배출하는 자가 많이 부담하므로 공평해진다'는 주장이 있음을 제4장에서 소개했습니다. 진정한 공평성의 실현도 유료화에 의해서가 아니라 '확대생산자 책임'에 의해서 실현할 수 있습니다.

쓰레기의 처리비는 쓰레기의 부피만이 아니라 쓰레기 질에 따라서 달라지기 때문에 PVC제품을 많이 사들이는 가정에서는 그렇지 않은 가정보다 쓰레기 처리 비용이 많이 들어가게 됩니다. 그래서 양자의 공평성을 유료화로 실현하는 것은 불가능합니다.

'확대생산자 책임' 하에서는 PVC 생산자에게는 PVC의 처리단가에 PVC 생산량을 곱한 액수를 부담시키기만 하면 됩니다. 그 액수가 PVC제품 가격에 추가되어 결과적으로 PVC제품을 많이 구입한 가정은 많은 처리 비용을 구입 시점에 부담하게 됩니다. 이로써 쓰레기 질에 따른 공평성도 쉽게 실현할 수 있습니다.

---

[39] '확대생산자 책임'의 도입: 《쓰레기행정은 어디가 잘못되었는가?》(구마모토 가즈키, 합동출판)를 참조

4. 분리선별은 아름다운 마음을 기른다

'확대생산자 책임'을 실현하는 데는 그 전제로서 분리선별이 필요합니다. 분리선별하여 내놓지 않으면 생산자에게 처리와 리사이클 비용을 부담시킬 수 없기 때문입니다.

분리선별은 쓰레기양을 줄인다

분리선별은 쓰레기양을 줄입니다. 쓰레기의 분리선별의 철저화에 의해 쓰레기양이 감소하는 것은 구루메 시만이 아니라 나고야 시와 요코하마 시 등에서도 증명됩니다.

'분리하면 자원, 섞으면 쓰레기'라는 슬로건에서 보듯이 분리선별하면 자원화로 가는 길이 열리고, 자원으로 돌아감으로써 쓰레기양도 줄어듭니다. 게다가 분리선별은, 자손에게 자원과 아름다운 환경을 남겨주도록 한다는 인간의 아름다운 마음에 호소하여, 그 마음을 키움으로써 진행됩니다. 유료화가 인간의 초라한 마음을 충동하는 것과 정반대입니다. 다만 분리선별에 관하여 자치단체 간에 분리선별 가짓수의 다과多寡를 놓고 경쟁하는 경향도 보입니다만, 분리선별은 시민에게 무상노동을 강제하고 있음도 감안할 필요가 있습니다. 젊은 사람에게라면 몰라도 고령자에게 수십 종의 분리선별을 강제하는 것은 가혹한 일이기도 합니다.

독일의 듀얼 시스템[40]에서는 가정에서는 '녹색 마크'가 붙은 포장 용기를 넣는 황색 용기와 그 이외의 쓰레기를 넣는 흑색 용기의 두 가지로 분리선별하고 있을 뿐입니다. 황색 용기에 넣은 포장 용기 쓰레기의 세분화된 분리선별은 사업자부담으로 행해지고 있습니다. 듀얼 시스템이 보여주는 바처럼 세분화된 분리선별도 본래는 사업자부담으로 행해질 필요가 있으며, 가정에서의 세분화된 분리선별은 사업자부담이 실현되기까지 과도기적인 제도로 파악되어야 하겠습니다.

'확대생산자 책임' 실현을 위한 분리선별

생활 쓰레기를 분리선별하는 데서 중요한 것은 분리선별 가짓수의 많고 적음이 아니라 '확대생산자 책임'을 실현하기 위한 전단계로서 분리선별을 자리매김하는 것입니다. 달리 말하면 '확대생산자 책임'을 실현시키고 싶은 것을 분리선별함으로써, 생산자에게 '확대생산자 책임'의 실현을 요구해 가는 것입니다.

예를 들면 플라스틱 포장 용기의 리사이클에는 일부이기는 하지만 사업자 부담이 도입되어 있으므로 포장 용기 이외의 플라스틱도 분리선별해서 포장 용기와 마찬가지로 사업자부담을 요구하도록 하면 되는 것입니다. 플라스틱의 용도에 따라 수집·처리 방법이 다른 것은 본래 불합리하며, 재질에 따른 수집·처리 방법이야말로 목표로 삼아야 할 것입니다.

---

40   듀얼 시스템: 두 가지 시스템(시군구에 의한 회수 시스템과 사업자 부담에 의한 회수 시스템)에 의한 생활 쓰레기의 회수방법. 제4장 참조. 상세한 내용은 《쓰레기행정은 어디가 잘못되었는가?》를 참조

'확대생산자 책임'의 우수한 점은 다음의 네 가지로 정리됩니다.

① 처리 내지 리사이클되는 것을 고려한 생산으로 연결되는 점
② 불법투기를 방지하는 점
③ 쓰레기 질에 따른 공평성을 실현할 수 있는 점
④ 인간의 아름다운 마음을 이끌어내서 키우는 점

유료화 도입에 의해 인간의 초라한 마음을 부추겨 놓고 그 결과인 불법투기에 대하여 감시와 처벌로 대응한다는 정책은 저열한 정책이라고 할 수밖에 없습니다. 이런 인간의 마음에 미치는 영향도 포함하여 유료화보다 '확대생산자 책임' 쪽이 쓰레기 문제를 해결하는 데 현저하게 우수한 구조입니다.

제6장

왜 일본에서는
'확대생산자 책임'이
왜곡되는가

1. 생산자의 책임이 확대되어 왔다

'확대생산자 책임'은 Extended Producer Responsibility(약칭 EPR)를 번역한 것입니다. '확대생산자 책임'은 1994년에 OECD(경제협력개발기구) 내에 'EPR 프로젝트'가 발족한 이래 EU와 OECD를 중심으로 퍼진 개념입니다. 'EPR 프로젝트'에 의한 보고서[41]에는 '확대생산자 책임'이란 '소비 후의 단계에 생산자가 생산물(더 적절히 말하면 생산물에 의해 발생한 폐기물)에 대하여 지는 책임을 가리킨다'고 정의되어 있습니다.

'확대생산자 책임'이라는 개념이 생겨나기 이전에도 생산과정과 소비과정에 있어서는 '생산자 책임'이 지워져 왔습니다. 생산과정에 있어서의 생산자 책임은 전과 같이 OECD에 의해 제창되어 이미 세계적으로 확립된 '오염자부담의 원칙'Polluter pays Principle입니다. '생

---

[41] 'EPR 프로젝트'에 의한 보고서: Washington Waste Minimization Workshop, Volume II, 1996년

산과정에서 발생하는 공해의 방지비용 내지 제거비용은 오염자(배출자)인 기업이 부담해야 한다'는 원칙입니다.

소비과정에서 생산자의 책임을 묻는 것으로서는 이른바 '제조물 책임'Product Liability, 약칭 PL이 있습니다. 일본에서는 1994년에 'PL법'이 도입되어 결함제품에 의해 소비자가 피해를 입은 경우 생산자가 책임을 진다는 원칙이 확립되어 있었습니다.

이러한 생산자의 책임을 묻는 흐름 중에서 '확대생산자 책임'은 폐기과정에까지 생산자의 책임을 확대한 접근법, 즉 생산과정으로부터 폐기과정에 이르기까지의 모든 환경영향에 대하여 생산자에게 책임이 있다는 접근법입니다. 폐기과정에까지 책임범위를 '확대'한 것이므로 '확대생산자 책임'이라고 불리는 것입니다.

2. '확대생산자 책임'의 본질은 생산자의 비용 부담에 있다

'확대생산자 책임'이 실현되고 있는 유럽에서는 포장 표장 폐기물에 관하여 1994년에 'EU 포장 용기 폐기물 지령'[42]이 나와서 그것을 받아들여 1995년에는 PRO Europe[43]이라는 조직이 설립되었

---

[42] 'EU 포장 용기 폐기물 지령': 1994년 12월에 채택된 포장 용기 폐기물에 관한 EU 지령. 포장 용기 폐기물의 발생억제 재사용·재생이용을 하기 위한 것으로 최종처분량의 삭감을 목표로 하고 있다. 2004년 개정에서는 포장 용기 폐기물의 최저회수율을 60%로 설정, 리사이클률을 2008년 (일부 가맹국은 11년)에 인상하는 것이 포함되었다.

[43] PRO Europe: PRO는 Packaging Recovery Organization의 약칭.

습니다.

PRO Europe은 독일의 듀얼 시스템에서 사용하고 있는 '녹색 마크'를 양도받아 그 보급을 목적으로 한 조직으로, 각 가맹국의 리사이클 기관이 '녹색 마크'의 사용계약을 PRO Europe과 맺어서 생산자의 비용부담에 의한 포장 용기 리사이클을 촉진하는 사업을 행하고 있습니다. 2008년 5월 현재 31개국이 가맹[44]되어 있습니다.

OECD의 EPR 프로젝트는 1998년에 다섯 권의 보고서를 내놓고 있습니다. 그중에서도 가장 상세한 보고서 "Framework"에는 'EPR의 본질은 폐기물의 처리 비용을 누가 부담하느냐이지 누가 처리를 맡느냐는 아니다'[45]고 하는 문장이 가끔 등장하여 강조되고 있습니다. 또 '확대생산자 책임의 핵심Core'은 '환경 비용을 제품가격에 내부화하는 것'[46]이라고 기재되어 있습니다. 즉 '확대생산자 책임의 본질·핵심'은 환경코스트인 폐기물 처리 비용을 생산자에게 부담시켜 제품의 가격에 포함시키는 것입니다.

처리·리사이클 비용을 가격에 포함시키면, 그만큼 가격이 인상

---

44 PRO Europe의 가맹국: 오스트리아, 터키, 캐나다, 독일, 프랑스, 스페인, 불가리아, 루마니아, 체코, 슬로바키아, 에스토니아, 벨기에, 키프로스, 몰타, 노르웨이, 그리스, 라트비아, 헝가리, 폴란드, 아일랜드, 스웨덴, 슬로베니아, 포르투갈, 룩셈부르크, 영국, 리투아니아, 아이슬란드, 우크라이나, 핀란드, 크로아티아, 네덜란드(2008년 5월 현재 31개국)

45 EPR의 본질: The essence of EPR is who pays for, not who physically operates, the waste mangement system

46 확대생산자 책임의 핵심: Internalization of environmental costs into product prices

되어 수요가 줄어들게 됩니다. 따라서 기업은 수요 감소를 최소한에서 멈추도록 처리·리사이클 비용이 적은 제품을 만들어야 하며, 재질의 선택과 설계 등에 있어서 필사적으로 노력하게 됩니다. '확대생산자 책임'은 세금부담 하에서는 생겨나지 않는 그런 기업 노력을 이끌어낼 수 있습니다.

처리·리사이클 비용이 적게 드는 제품을 만들려고 하는 기업의 노력을 이끌어내는 것이 쓰레기 문제를 해결하는 데서는 중요한 것입니다. '확대생산자 책임'에 대하여 '처리비를 생산자에게만 부담시키는 것은 불공평하다. 소비자도 제품을 사용하여 이익에 관여하고 있기 때문에 소비자도 부담해야 한다'는 의견이 곧잘 제출되지만, 이것은 구조를 제대로 이해하지 못한 데서 오는 오해입니다. 생산자가 부담한 처리·리사이클 비용은 가격에 얹어져서 최종적으로는 그 제품을 사는 소비자가 부담하는 것입니다. "Framework"에서는 그것을 'EPR의 도입은 폐기물의 처리·리사이클의 주체를 종래의 자치단체·주민으로부터 생산자·소비자에게 전환해 가게 된다'고 설명하고 있습니다.

자치단체가 처리를 맡고 있던 종래의 방식에서는 처리 비용은 세금에 의해 마련되며, 따라서 그것은 주민 부담에 해당합니다. 그에 대하여 '확대생산자 책임'에서는 비용은 생산할 때 1차적으로 생산자가 부담합니다만, 가격에 반영됨으로써 최종적으로는 소비자가 부담합니다. 그러므로 '자치단체·주민'의 부담으로부터 '생산자·소비자'의 부담으로 전환되는 것입니다.

즉 '생산자 부담이냐, 소비자 부담이냐' 하는 양자택일의 문제설정 자체가 틀린 것이며, '생산자가 부담하는 것을 통해서 결국은 소비자가 부담하는' 것입니다.

3. 세계에서 최초로 '확대생산자 책임'을 도입한 독일

'확대생산자 책임'을 처음으로 실현한 것은 1991년도 독일의 '듀얼 시스템'이었습니다. '듀얼 시스템'이라는 것은 '두 가지'라는 의미가 있는데 이 시스템은 사업자로부터 위탁을 받아 회수·리사이클을 대행하는 기관으로 설립된 DSD(듀얼 시스템 도이칠란트)사에 의해 운영되고 있습니다.

아래의 [그림 1]을 보아주십시오.

가정에서는 녹색 마크가 붙은 포장 용기는 DSD사의 황색 수집 용기에 넣고 그 이외의 음식물쓰레기 등은 시군구의 검은 수집용

[그림 1] 독일의 듀얼 시스템

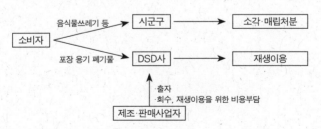

출처 : 후생성《용기포장리사이클법의 포인트》

[그림 2] 두 개의 수집용기

[그림 3] 길거리의 병류 · 종이류 회수함

[그림 4] 녹색 마크

기에 넣습니다. DSD사와 시군구의 두 가지 회수경로가 있는 것입니다. 또 길거리 보도와 광장에는 병류와 종이류를 회수하기 위한 회수 컨테이너가 곳곳에 설치되어 있어서 시민이 가져다 넣고 DSD사가 회수합니다.

녹색 마크의 사용료를 지불한 사업자는 자사제품의 포장 용기에 녹색 마크를 붙일 수 있습니다. 녹색 마크가 붙은 제품의 가격에는 녹색 마크의 사용료가 포함되어 있기 때문에 결국은 제품을 산 소비자가 부담하게 됩니다.

이 사용료가 모아져서 포장 용기의 수집과 리사이클 비용으로 충당됩니다. 비용은 DSD사의 부담으로 행해집니다만, 근원을 거슬러가면 녹색 마크의 사용료로, 더 거슬러 올라가면 소비자 부담으로 마련되고 있습니다.

이렇게 독일은 그때까지의 세금부담에 의한 시군구 수집과는 다른 새로운 시스템을 만들어낸 것입니다.

4. '확대생산자 책임'을 왜곡한 일본의 순환형사회 만들기

일본에서는 '용기포장리사이클법'(1995년), '가전리사이클법'(1998년), '순환형사회형성추진기본법'(2000년, 약칭 '순환법'), 순환법 관련 5법이라고 불리는 '폐기물처리법 개정', '자원유효이용촉진법', '건설리사이클법', '식품리사이클법', '그린조달법'(모두 2000년),

게다가 '자동차리사이클법'(2002년)으로 계속하여 리사이클 관련 법[47]이 제정되어 2000년은 '순환형사회 원년'이라고 불리었습니다. 그러나 순환형사회가 선언되고부터 약 10년, 일본 사회는 순환형 사회가 되었을까요?

아닙니다. 그 큰 이유는 일본의 순환형사회 만들기에 있어서는 '확대생산자 책임'의 골자가 빠진 법률이 제정되고 말았기 때문입니다. '확대생산자 책임'의 도입을 저지하기 위해서 '확대생산자 책임'의 참된 의미가 관료에 의해 왜곡된 것입니다.

'확대생산자 책임'의 왜곡

'확대생산자 책임'의 의미를 왜곡한 대표적인 것은 'EPR이란 폐기물의 처리·리사이클에 있어서 생산자가 일정한 책임을 지는 것'이라거나 '사업자가 인수하여 리사이클하는 구조가 가능하다면 그것으로 EPR이 실현된다'고 하는 것입니다. 관료가 작성한 문서에는 '확대생산자 책임'은 반드시 그런 식으로 설명되어 있습니다.

이것이 '확대생산자 책임'의 진정한 의미를 표현한 것이 아님은 "Framework"에서 강조되고 있습니다. 'EPR의 본질' 내지 'EPR의 핵심'에 비추어 보면 명확합니다.

'확대생산자 책임'의 본질은 폐기물의 처리·리사이클을 '누가 담

---

[47] 순환형사회의 관련법: '용기포장리사이클법'(1995년), '가전리사이클법'(1998년), '순환형사회형성기본법'(2000년), '폐기물처리법 개정'(2000년), '자원유효이용촉진법'(2000년), '건설리사이클법'(2000년), '식품리사이클법'(2000년), '그린조달법'(2000년), '자동차리사이클법'(2002년)

당하는가'가 아니라 '누가 부담하는가'에 있습니다. 그러므로 '생산자가 인수하여 리사이클하는 것'으로 '확대생산자 책임'이 실현된 것은 아닙니다. 생산자가 폐기물의 처리·리사이클의 비용을 부담할 때 비로소 '확대생산자 책임'이 실현되는 것입니다.

이런 관점에서 두 개의 리사이클법을 평가해 봅시다.

● '용기포장리사이클법'에는 – 포장 용기의 회수·보관 비용은 자치단체 부담이고, 그 후의 리사이클 비용만 사업자 부담으로 되어 있습니다. 독일의 듀얼 시스템에서는 회수·보관·리사이클 등의 비용 모두가 사업자 부담인데 비해서 일본에서의 사업자 부담은 전체 비용의 약 10%에 지나지 않고, 약 90%는 세금부담입니다. 따라서 '확대생산자 책임'의 실현도도 약 10%밖에 안 됩니다.

'용기포장리사이클법'의 제정 당시에는 '행정·기업·시민이 협력하여 리사이클을 실현합시다'고 하는 역할분담론이 계속 환경성과 통산성(당시) 등으로부터 강조되었습니다. 이 역할분담론의 구호 속에 본질적인 비용부담의 문제는 은폐되고, 그 결과 약 90%가 세금부담이 되고 말았던 것입니다.

● '가전리사이클법'에서는 – 리사이클 비용은 소비자가 배출시에 부담하도록 되어 있어 가격에는 전혀 포함되지 않기 때문에 '가전리사이클법'에서의 '확대생산자 책임'의 실현도는 제로입니다.

'가전리사이클법' 시행 후 가전의 불법투기가 급증한 최대의 원인은 '확대생산자 책임'이 실현되지 않은 데 있습니다. 유럽과 같이 폐기물을 생산자가 무료로 인수하는 제도라면 누구도 불법투기하려고는 생각하지 않을 것입니다.

'가전리사이클법'은 인간의 초라한 마음을 조장하여 불법투기로 치닫게 하는 법률이라는 비판을 면할 수 없습니다. 불법투기로 치닫게 만드는 제도를 만들어 놓고 그 결과 생기는 불법투기에 대하여 감시와 벌칙으로 대처함으로써 전체적으로 보면 병 주고 약 주고 하는 것[48] [49]에 불과합니다.

이러한 '확대생산자 책임'의 골자를 뺀 것을 정당화하기 위해서 '확대생산자 책임의 의미는 생산자가 일정한 책임을 지는 것'이라든가 '사업자가 인수하여 리사이클하는 구조가 가능하면 된다'는 왜곡이 행해진 것입니다.

5. 배출자 책임의 왜곡

게다가 '확대생산자 책임'의 본질적인 의미를 없애는 수단으로서 '배출자 책임'이라는 용어가 계속 사용되었습니다. 예를 들어서 '생산자는 확대생산자 책임을 가지지만 시민은 배출자 책임을 가

48　원문에는 '맷치 펌프'(match pump)로 되어 있다. - 옮긴이 주
49　맷치 펌프: 성냥으로 방화해 놓고서 불이 나면 소방차를 출동시킨다는 자작극의 행동

진다', '확대생산자 책임도 중요하지만 우선 실현하기 쉬운 배출자 책임부터 시작하자'는 모양으로 '배출자 책임'은 '확대생산자 책임'과 대비하여 사용함과 동시에 쓰레기 유료화의 추진에 이용되었습니다. 그러나 EPR 프로젝트에서는 '일반폐기물의 오염자'(배출자)는 '시민'이 아니라 '생산자'라고 되어 있습니다. 그것은 'EPR 프로젝트'가 폐기물의 처리 비용을 누가 부담해야 하는가를 생각하는 데서 '오염자 부담의 원칙'에 따랐다는 것에서 보여집니다.

PPP('오염자 부담의 원칙')는 '생산과정에서 발생하는 공해의 방지 비용 내지 제거비용은 오염자(배출자)인 기업이 부담해야 한다'는 원칙[50]입니다만, 이것은 '국제경쟁을 공평하게 하기 위해서는 환경 비용을 제품 가격에 포함시켜서 경쟁해야 한다'는 접근방식에 기초하여 도입된 원칙입니다. A국에서는 공해방지를 세금으로 부담하는데 B국에서는 기업이 부담하는 식으로 부담 제도가 나라에 따라 다르면 국제경쟁이 불공평해지기 때문에 어떤 나라에서든 기업이 부담하여 제품가격에 포함시키는 방식으로 하자는 취지인 것입니다.

'오염자 부담의 원칙'에 따르면, 일반폐기물의 처리 비용도 마찬가지로 생산자가 부담하여 제품가격에 포함시켜서 경쟁해야 합니다. '일반폐기물의 오염자'(배출자)가 '생산자'라는 것은 유럽에서는

---

50 오염자 부담의 원칙: 1972년에 경제개발협력기구(OECD)가 결의한 것. 1973년에 제정된 공해건강 피해보상법에서도 이 접근법이 채택되어 공해인정 환자의 의료비와 장해보상은 원인자 부담으로 되었다.

'일반폐기물 처리비의 다과는 제품에 함유된 유해물질의 질과 양에 따라 결정된다. 그 질과 양을 좌우할 수 있는 것은 생산자이지 시민과 소비자는 아니다'라고 설명하고 있습니다.

'일반폐기물의 오염자(배출자)가 생산자'인 것은 '확대생산자 책임'에서는 자명한 것이며, '확대생산자 책임'을 주장하는 자가 동시에 '일반폐기물의 배출자는 시민'이라는 '배출자 책임론'을 주장할 수는 없습니다.

그럼에도 불구하고 일본에서는 생산자는 '확대생산자 책임을 지닌다'고 하면서도 시민은 '배출자 책임을 지닌다'는 주장이 계속 유포되어 '배출자 책임'이 '확대생산자 책임'을 없애는 역할을 하고 있는 것입니다.

'확대생산자 책임'과 '배출자 책임'의 주장이 상충되는 것은 '배출자 책임'의 이름하에 진행되는 '쓰레기 유료화'를 보면 알 수 있습니다. '확대생산자 책임'은 일반폐기물의 처리비를 생산자에게 부담시켜 제품가격에 포함시키도록 하는 생각이며, 쓰레기 유료화는 그것을 제품가격에 포함시키는 것이 아니라 시민에게 부담시키도록 하는 것입니다. 양자는 근본적으로 방향성이 다른 것입니다.

6. '확대생산자 책임'이 왜곡되는 두 가지 이유

일본의 순환형사회 만들기에서는 왜 이렇게 '확대생산자 책임'이 왜곡되는 것일까요? 그 이유는 두 가지가 있다고 생각됩니다.

첫 번째 이유는 산업계와 국가가 '확대생산자 책임'의 도입을 회피하고 싶기 때문입니다. 처리비를 가격에 포함시키면 제품가격이 오르고 수요가 떨어질 것을 걱정하여 도입을 회피하고 싶은 것입니다.

두 번째 이유는 일본의 순환형사회 만들기의 목적이 쓰레기 문제의 해결보다도 오히려 '리사이클산업 밀어주기'에 있기 때문입니다.

예를 들어서 '용기포장리사이클법'은 세금부담으로 회수한 페트병을 값싸게 양질의 원료로서 리사이클 산업에 제공하는 구조를 만들었습니다만, 재사용(리유즈)을 우선하게 하는 구조는 전혀 고려되고 있지 않습니다. 같은 페트병이 2~3번 재사용되면 리사이클로 가는 페트병의 양이 줄어들어서 리사이클 산업이 곤란해지기 때문에 재사용 우선의 구조를 만들고 있지 않은 것입니다.

지금 일본의 순환형사회 만들기는 종래의 '대량생산-대량소비-대량폐기'를 대신하여 '대량생산-대량소비-대량 리사이클'의 사회를 만들어 리사이클 산업을 번창하게 하는 것을 목표로 하고 있는 것입니다.

7. 불법투기를 부추긴 '가전리사이클법'

'확대생산자 책임' 왜곡의 폐해는 특히 '가전리사이클법'에서 현저합니다.

'가전리사이클법'에서는 리사이클 요금을 배출시에 소비자가 부담하는 구조로 되어 있기 때문에 불법투기가 급증하고 있습니다. 또 폐기할 때에 소비자가 부담하기 때문에 모든 회사 제품에 같은 액수의 리사이클 요금이 책정되어 생산자 간에 리사이클 비용을 낮추는 경쟁이 생기고 있지 않습니다.

불법투기가 되고 난 후에도 문제가 있습니다. 가전제품을 비롯한 일반폐기물의 불법투기에 대하여 많은 자치단체는 그 처리 책임을 지주에게 떠넘기고 있습니다.

일반폐기물의 처리 책임은 자치단체에 있기 때문에 불법투기된 경우에도 그 처리 책임은 자치단체에 있어야 합니다만, 자치단체 재정이 쪼들리기 때문인지 '불법투기의 책임은 감시를 태만히 한 지주에게 있다'고 강변하면서 지주에게 처리 책임을 떠넘기는 것입니다. 조례에서 '지주의 책임'을 명기하고 있는 자치단체까지 있습니다.

한 뼘 정도의 정원庭園이라면 몰라도 수십 헥타르나 되는 산림의 지주가 불법투기를 감시하는 일은 시간적으로도 경비 측면에서도 불가능합니다. 불법투기된 쓰레기를 회수하여 처리할 자금력이 있는 지주도 거의 없을 것입니다. 그러한 자치단체의 부당한 견해를 강요당해 곤란을 겪고 있는 지주가 전국에 많습니다.

'불법투기의 처리 책임은 지주'라고 하는 방침에 의해 불법투기가 사실상 방치되어 사유림이 불법투기의 쓰레기 산으로 변하는 것은 필연입니다. 많은 가전제품에는 유해금속이 함유되어 있고, 전국적으로 내리고 있는 산성비는 유해금속을 녹이기 때문에, 그것은 동시에 많은 사유림을 유해금속의 오염원으로 만드는 것을 의미합니다.

EU의 폐 전기·전자기기의 '무료인수의 원칙'

EU에서는 2002년 폐 전기·전자기기에 관한 EU 지령[51]이 나와 있습니다.

이 지령은 전기·전자기기의 생산자에게 회수·처리·리사이클·처분의 비용부담을 의무화했습니다. 소비자는 신제품을 한 대 구입할 때 구입점에 한 대의 폐 전기·전자기기를 돌려 줄 수도 있고 아니면 회수거점에 가지고 가서 무료로 인계하는 것도 가능합니다. 대부분의 폐 전기·전자기기가 대상품목으로 되어 있습니다.

생산자가 소비자로부터 불필요하게 된 소비재를 무료로 인수하는 것은 '무료인수의 원칙'[52]이라고 불리며 폐차 등의 리사이클에 관하여도 적용되는 비용부담의 대원칙으로 되어 있습니다. 생

---

[51] EU 지령(2002/96/EC): Waste Electrical and Electronic Equipment, 약칭 WEEE 지령

[52] '무료인수의 원칙': free take-back principle

산자가 소비자로부터 무료로 인수한다는 것은 회수·리사이클 비용을 생산자가 부담하는 것과 다를 바 없습니다. 생산자가 부담한 비용은 제품가격에 포함되므로 '확대생산자 책임'이 실현되게 됩니다.

반복되는 말이지만, 일본의 '가전리사이클법'처럼 구입자가 배출시에 리사이클 요금을 부담하는 구조에서는 그 요금이 아까워서 불법투기가 일어납니다. 이에 대하여 '요금을 지불하지 않는 것은 구두쇠다', '불법투기를 하는 것은 매너 위반이다'라는 마음가짐에 비판이 행해집니다만, 개인의 문제로서는 비판이 타당하더라도 매너가 나쁜 사람이 없는 사회 따위는 있을 수 없기 때문에 아무리 도덕적 관점에서 비판을 해도 불법투기는 없어지지 않습니다. 매너가 나쁜 사람도 불법투기를 하지 않도록 하는 것이야말로 만들어 나가야 할 사회 구조일 것입니다.

유럽처럼 회수·리사이클 비용을 생산자가 부담하고 생산자가 소비자로부터 무료로 인수한다는 '무료인수'의 구조를 도입하면 일본인의 도덕과 매너의 쇠퇴를 새삼스럽게 한탄할 일도 없게 되는 것입니다. 일부러 도덕이나 매너를 강조하고자 한다면 '확대생산자 책임'의 도입을 저지하고 있는 '기업의 매너 결여'야말로 문제시해야 할 것입니다.

8. 헷갈리는 "가이던스 매뉴얼"

'확대생산자 책임'을 왜곡하는 사람이 때때로 근거로 내세우는 것은 EPR 프로젝트가 각국 정부를 향해 EPR 도입을 위한 지침서로서 내놓은 "가이던스 매뉴얼"(2001년)입니다. 경제통산성도 이 "가이던스 매뉴얼"만큼은 그 번역판을 만들어 열심히 선전하고 있습니다.

"가이던스 매뉴얼"에는 EPR을 '생산물에 대한 생산자의 물리적 또는 재정적인 책임이 생산물의 라이프사이클의 소비 후 단계까지 확대되는 그런 환경정책 접근법'이라고 넓게 정의되어 있어서 이 정의에 기초하면 '폐기물을 생산자가 인수하여 리사이클하는 것'도 EPR에 포함되는가 하는 의구심을 가질 수 있습니다. "Framework"에서 강조되고 있는 '확대생산자 책임의 본질·핵심'과는 몹시 큰 간격이 있습니다.

그러나 "가이던스 매뉴얼"에서는 다음과 같은 문장도 곳곳에 포함되어 있습니다.

① EPR을 정당화하는 배경은 증가하는 쓰레기로부터의 추가압력에 대한 납세자의 부담을, 제품으로부터 이익은 얻는 사람들에게 지불책임을 옮김으로써, 경감할 수 있을 것이란 데 있다.

② EPR 정책은 생산자에게 그 제품의 처리에 따른 사회적 비용을 흡수하도록 권장하기 위한 유인을 제공하는 방식으로 설계되어야 한다. 이에 따라 어떠한 불가피한 비용이라도 제품의 가격결

정에 편입시키는 것이 가능하다. 생산자와 소비자는 납세자를 대신하여 사회적 코스트(외부성)를 지불하게 된다.

③ EPR의 맥락에서 생산자 책임의 확대는 명시적으로 처리와 처분의 사회적 비용의 실질적 내부화를 가져온다.

실은 앞에서 소개한 "가이던스 매뉴얼"에서의 EPR의 정의와 이들 ①~③의 문장을 모순 없이 설명하는 것은 불가능합니다. 요컨대 "가이던스 매뉴얼"은 그 가운데 모순을 안은 헷갈리는 색깔의 보고서입니다. "가이던스 매뉴얼"이 헷갈리는 색깔이 된 원인은 그것이 도입을 위한 매뉴얼이며, 가능한 한 많은 나라가 도입했다는 성과로 연결시키고 싶었기 때문이라고 생각됩니다만, 그 이상으로 일본 통산성(당시)이 밀어준 데도 있다고 생각됩니다.

실은 EPR 프로젝트를 위한 자금을 제공한 것은 일본 정부입니다. EPR 프로젝트의 보고서(Washington Waste Minimization Workshop, Volume II, 96년)에는 '프로젝트를 위한 자금은 일본 정부로부터의 관대한 임의의 기부에 의해 제공되었다'고 기록되어 있습니다.

왜 일본 정부가 '관대한 임의의 기부'를 행한 것일까요? EPR의 해석에 관하여 프로젝트에 압력을 가할 수 있다는 의도가 있었기 때문은 아닐까요?[53]

---

[53] 경제통산성 내부에 밝은 지인의 말에 의하면, '경산성 T과장은 OECD에 자주 가서 EPR을 넓게 정의하도록 움직였다. 그때 EPR 프로젝트의 자금을 거의 일본 정부만이 제공한 것까지는 말하지 않은 것 같지만, 그것이 암묵의 압력으로 된 것은 부정할 수 없다'는 것이었다.

EPR 프로젝트의 전체 보고서를 읽은 연구자는 예외 없이 "가이던스 매뉴얼"이 모순투성이의 보고서이며, '확대생산자 책임'을 정확히 이해하려면 EPR 프로젝트의 중간 보고서나 "Framework"에 따라야 한다는 견해를 가지고 있습니다. 다른 한편 일본 정부와 같은 견해를 가진 사람들은 일본어로 번역된 "가이던스 매뉴얼"만을 읽었던 사람들이 많습니다.

일본 정부가 출자했다는 것은 기본적으로는 일본 국민이 출자했다는 뜻입니다. EPR 프로젝트의 성과인 EPR이 유럽에서 실현되고 있는 한편으로 EPR 프로젝트를 위한 자금의 기본적인 출자자인 일본 국민은 일본 정부에 의해 EPR이 왜곡된 형태의 순환형사회를 만들어 가면서 'EPR이 실현되고 있다'고 굳게 믿게끔 유도되어, 많은 삼림이 유해금속의 오염원으로 되는 그런 결과를 초래하고 있습니다.

9. '적정처리 곤란물 제도'의 활용을

'확대생산자 책임'은 국가가 법률을 만들지 않으면 실현될 수 없다는 의견을 종종 듣습니다. 현행법의 틀 안에서 각 자치단체의 독자적인 추진 노력으로 '확대생산자 책임'을 실현할 수는 없을까요?

'폐기물처리법'에는 '적정처리곤란물 제도'가 규정되어 있습니다.

이 법 제3조 2항은 '사업자는 물건의 제조·가공·판매 시에 제품·용기 등이 폐기물이 된 경우에 적정한 처리가 곤란하지 않게 해야 한다'는 뜻을 규정하고, 이 법 3조 3항에서는 '사업자는 적정한 처리의 확보 등에 관하여 국가 및 지방공공단체의 시책에 협력해야 한다'고 되어 있습니다. 이 '적정처리곤란물 제도'를 활용하면 세금 부담에 의한 처리로부터 사업자 부담에 의한 처리로 바꿀 수가 있습니다.

'적정처리곤란물 제도'는 본래 자치단체가 지정하는 제도입니다. '폐기물처리법'의 1991년도 개정에서 국가에 의한 지정제도도 만들어졌지만 국가는 1994년에 타이어, 스프링이 들어간 매트리스, 대형 텔레비전, 대형 냉장고 등 4개 품목을 지정했을 뿐 그 후로는 지정한 바가 전혀 없습니다. 국가가 정신을 차려서 적정처리곤란물을 지정하는 것은 바랄 수 없기 때문에 각 자치단체가 자치단체에 의한 지정제도를 활용해도 됩니다.

도쿄도는 도 조례에 '적정처리곤란물 규정'을 포함시켜서 조례의 존재를 배경으로 하여 자동차, 오토바이, 피아노, 소화기, 가스통 등을 사업자에게 회수시켜 사업자 부담으로 처리시켜 오고 있습니다. '조례의 존재를 배경으로'라고 빙빙 돌린 말로 표현을 하고 말았습니다만, 사업자가 적정처리곤란물 지정을 싫어하기 때문에 도는 조례에 기초하여 적정처리곤란물로 지정하기 이전에 사업자에게 실행시키고 있는 것입니다. 물론 적정처리곤란물로 지정하는 것도 가능합니다.

조례에 기초한 지정을 하면 자치단체 단독으로도 할 수 있습니다. 단독으로 하는 것이 불안하면 광역의 자치단체가 연대하여 일제히 지정하면 됩니다. 후생성은 '전국의 약 70%의 시군구로부터 요청이 있으면 국가에 의한 지정을 한다'고 말하고 있으며, 자치단체가 연대하여 국가에 의한 지정을 요청하는 것도 가능합니다.

적정처리곤란물의 후보[54]를 몇 가지 예시해 보면, 우선 재택의료 폐기물이 있습니다. 재택의료에 사용되는 주사바늘 및 피가 묻은 가제 등은 시군구의 수집 작업원의 목숨에도 관련된 위험한 감염성 폐기물입니다. 그것들을 의료관계자가 자발적으로 회수하는 움직임이 시작되고 있던 것에도 상관치 않고 환경성은 '주사기 등의 예리한 물건 이외는 시군구가 일반폐기물로서 처리한다'는 취지의 통지(헤이세이 17년 9월 8일부 환폐대발 제 50908003호·환폐산발 제 050908001호)를 낸 것입니다. 그러나 환경성의 설문조사 결과(헤이세이 19년 8월 6일 발표)에 의하면 실제로 통지에 따라 회수하고 있는 시군구는 30% 정도에 불과해서 그 통지의 정정처리가 문제되고 있습니다.

가정용 화학약품(살충제·곰팡이방지제·화장실 세제·원예용 농약 등)도 '폐기물처리법' 2003년 개정에서 '사업자에의 회수의무 부여'가 제도화되기 직전까지 갔다가 폐기된 사정이 있어 유력한 후보

---

54 적정처리 곤란물의 세 가지 후보: 재택의료 폐기물, 가정용 화학약품, 포장 용기 이외의 플라스틱 폐기물

입니다.

'확대생산자 책임'의 다음 표적이 되어야 할 '포장 용기 이외의 플라스틱 폐기물'도 유력한 후보입니다. 1994년의 국가에 의한 4개 품목 지정에 앞서 행해진 시군구 처리상황 조사에서는 플라스틱 폐기물을 처리 곤란하다고 하는 시군구의 비율은 지정 4개 품목보다도 많았습니다. 그 다음해에 사업자 부담을 약 10%로 하는 '용기포장리사이클법'이 만들어졌습니다만, 플라스틱 폐기물이 적정처리곤란물로 지정되어 100% 사업자 부담으로 되는 것을 회피하기 위해 '용기포장리사이클법'을 서둘러서 국가가 만들었다고 조차 볼 수도 있습니다.

사실은 세계에서 최초로 '확대생산자 책임'을 실현한 독일의 듀얼 시스템도 법률에 기초하여 질서정연하게 시작된 것만은 아닙니다. 발단은 '포장 용기는 수집하지 않는다'고 결의한 자치단체의 실력행사였습니다.

자치단체의 실력행사로 포장 용기를 시군구의 수집에 내놓지 못하게 된 소비자들이 구입한 소매점에 포장 용기를 가져가기 시작하여 곤란해진 소매점이 메이커와 상담하여 '인수해서 리사이클 해 버립시다' 하게 되어 듀얼 시스템이 구축되기 시작한 것입니다.

반대로 일본에서는 '적정처리곤란물 제도'가 있습니다. 자치단체가 수집을 거부하여 사업자에게 수집을 시키는 합법적인 수단이 존재하는 것입니다. 또 '적정처리곤란물 제도의 활용'은 아닙니다만, 포장 용기라도 자치단체의 분리수집 쪽이 아니라 슈퍼·회사 등에서 행해지고 있는 점포 회수 쪽에 배출하면 세금을 사용하지 않고 사업자 부담으로 회수시키는 것이 가능합니다. 시민과 자치단체가 점포 회수를 외치고 넓혀나가면 '확대생산자 책임'을 실현하는 것이 가능합니다.

언제까지나 '확대생산자 책임'의 핵심을 빼고서 생산자가 져야 할 책임을 지우지 않는 국가에 대하여 자치단체가 추진 노력을 해야 할 것은 시민과 더불어 '용기포장리사이클법'과 '가전리사이클법' 등의 개정을 요구하는 것, '적정처리곤란물 제도'를 활용하여 처리 곤란한 일반폐기물을 생산자에게 인수시키는 것입니다. 또 시민이 추진 노력을 해야 할 것은 국가에 대하여 법 개정을 요구함과 동시에 지역의 자치단체에게 '적정처리곤란물 제도'를 활용하도록 요구하는 것입니다.

이런 추진 노력을 통하여 '확대생산자 책임'의 실현을 압박하는 것이 일본 사회를 순환형사회로, 근본에서부터 새로 세우는 첫걸음이 됩니다.

제7장

산업폐기물은
누가 처리해야 하는가

1. 흐리가 미약한 인계서 제도

다음으로 산업폐기물의 문제점을 생각해 봅시다.

산업폐기물의 최대 문제는 불법투기입니다. 산업폐기물의 불법 투기는 '폐기물처리법' 제정 이래 일관되게 최대의 산업폐기물 문제로서, 불법투기 방지를 목적으로 한 법 개정이 여러 번 이루어져 왔습니다.

불법투기 방지를 목적으로 한 법 개정의 중심이 되어 있는 것은 '인계서 제도'입니다. 이것은 배출사업자가 산업폐기물의 처리를 처리업자에게 위탁할 때 산업폐기물의 명칭, 운반업자 이름, 처분업자 이름, 취급상의 주의사항 등의 항목으로 이루어지는 '폐기물 관리표'(인계서)를 교부하여 산업폐기물과 함께 유통시킴과 동시에 각 처리업자로부터 '폐기물 관리표'를 송부시킴으로써 산업폐기물의 흐름을 파악하는 제도(다음에 나오는 [그림 1])입니다. 처리의 전체 흐름을 '폐기물 관리표'에 의해 사업자에게 파악시켜 그것에 의해 불법투기를 방지하고자 하는 제도로서, 사업자는 1년에 한 번 관리표에 관한 보고서를 작성하여 각 현의 지사知事에게 제출해야 합니다.

[그림 1] 인계서 제도

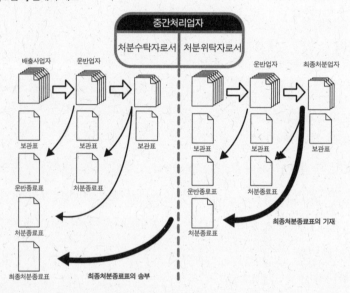

환경성 홈페이지 http://www.env.go.jp/recycle/ill_dum/antouki/index.html '산업폐기물의 불법투기 상황에 관하여'로부터 작성

'인계서 제도'는 1991년의 '폐기물관리법'의 개정으로 비로소 특별관리 산업폐기물[55]에 관하여 만들어져서 1997년 개정으로 대상이 모든 산업폐기물로 확대됨과 동시에 전자 인계서 제도(관리표를 대신하여 전자정보로 보고할 수 있는 제도)도 만들어졌습니다. 2000년도의 개정에서도 배출사업자가 파악해야 하는 범위를 중간 처리로부터 최종 처분까지로 확대한다든지 가공의 인계서 판매행위를 금지한다든지 하여 제도가 강화되었습니다.

그러나 인계서 제도는 배출사업자가 처리업자에게 위탁한 경우에 적용되는 제도이며, 배출사업자가 스스로 운반·처분하는 자사 처분 때에는 적용되지 않습니다. 산업폐기물의 불법투기로서 실행자가 분명한 것은 전체의 약 70%이고, 분명한 것 중에 약 60%가 배출사업자 스스로가 불법투기한 것입니다. 자사 처분에 의한 불법투기를 억제하는 데는 인계서 제도는 전혀 효과가 없다고 하는 큰 결함이 있습니다.

더욱이 인계서 제도가 내포하는 근본적 결함은 배출사업자에게 전적으로 의존하는 제도라는 것입니다. 배출사업자는 관리표에 관한 보고서를 작성하여 지사에게 제출해야 하지만, 보고서에 사실이 기재된다고는 단정할 수 없습니다. 그뿐 아니라 원래 배출사업자는 폐기물 처리에 가능하면 돈을 들이고 싶지 않기 때문에 인

---

55 특별관리 산업폐기물: 폭발성, 독성, 감염성 등 사람의 건강 또는 생활환경에 피해를 낳을 우려가 있는 폐기물을 특별관리 폐기물이라고 하며, 그 중에 일반폐기물을 특별관리 일반폐기물, 산업폐기물을 특별관리 산업폐기물이라고 한다.

계서를 꼭 발행한다고 단정할 수 없습니다. 인계서가 발행되지 않으면 제도 자체가 기능하지 않습니다. 불법투기의 실행자가 분명한 것 중에 약 60% 정도가 배출사업자 자신에 의해 행해지고 있는 현실이 보여주듯이 배출사업자에게 전면적으로 의존한 제도이기 때문에 큰 효과는 기대할 수 없습니다.

주무관청도 배출사업자에게 대단히 관대하여 지사에 대한 배출사업자의 연 1회 보고 의무도 후생성령에 관한 부칙[56]이 나와서 '당분간 적용하지 않기'로 되었습니다. 이 유예조치는 국회에서 결정된 법률에 의해 헤이세이 18년도에 중단되어 19년도부터는 보고를 하게 되어 있음에도 주관관청의 성령省令으로 유예하는 그런 조치는 3권 분립에 반하는 월권행위에 해당하며, 그러한 행위를 하면서까지 배출사업자를 옹호하는 것이기 때문에 배출사업자에게 얼마나 관대한지를 알 수 있습니다.

인계서 제도가 기능하고 있지 않는 또 하나의 요인은 처리업자 간의 과당경쟁에 있습니다. 산업폐기물 처리업자는 지사의 허가가 필요합니다만, 허가를 받은 처리업자[57]만도 전국에 10만여 개사나 존재하고 있으며, 산업폐기물의 수탁을 둘러싸고 치열한 경쟁을 하고 있습니다. 그 때문에 적정한 처리 비용에 못 미치는 요

---

[56] 후생성령에 관한 부칙: 헤이세이 12년 8월 18일 厚令115호

[57] 허가를 받은 처리업자: 환경성의 산업폐기물처리업자 우량화 추진위원회의 장래동향조사 워킹 그룹이 실시한 설문조사에 따르면, 산업폐기물처리의 허가업자 수는 10만 2,814사가 되고 있다.(환경신문 1833호, 2007년 4월 4일)

금으로 위탁되는 사례도 적지 않게 존재하여 처리업자가 불법투기로 치닫는 결과를 초래하고 있습니다.

또 무허가업자도 다수 존재하고 있어서 처리업자에 의한 불법투기는 무허가업자에 의한 것이 허가업자에 의한 것보다도 많은 경우가 일반적입니다. 배출사업자가 무허가업자에게 위탁하는 경우에는 처음부터 위법을 승낙하고 위탁하는 것이기 때문에 이 경우에도 인계서 제도는 기능하지 않게 됩니다.

이처럼 인계서 제도는 결함이 많고 효과를 기대하기 어려운 제도입니다. 실제로 1991년 법 개정에 의한 인계서 제도의 창설과 1997년 법 개정과 2000년 법 개정에 의한 인계서 제도의 강화 후에도 불법투기량이 감소한 흔적은 전혀 없습니다([표 1]).

[표 1] 불법투기의 투기건수·투기량의 추이

연도	96	97	98	99	0	1	2	3	4	5	6
투기건수 (건)	719	855	1,197	1,049	1,027	1,150	934	894	673	558	554
투기량 (만 톤)	21.9	40.8	42.4	43.3	40.3	24.2	31.8	74.5	41.1	17.2	13.1

환경성 홈페이지 '산업폐기물의 불법투기 상황에 관하여'로부터 작성

그러나 2005년 이후는 불법투기량이 감소하고 있습니다만, 이 감소경향은 표면상의 것으로서 불법투기는 교묘하게 되어 깊이 잠행하고 있습니다(자세한 것은 제7장 및 제8장을 참조).

2. 산업폐기물 처리업자의 우량성 평가 제도도 가망성이 희박

불법투기 대책으로서 최근 환경성이 힘을 쏟고 있는 것이 산업 폐기물 처리업자의 우량성 평가제도입니다.

우량성 평가 제도란 환경성이 환경성령에 기초하여 창설한 제도로서 평가를 희망하는 산업폐기물 처리업자에 대하여 ① 준법성, ② 사업의 투명성(정보공개), ③ 환경보전을 위한 추진 노력의 세 관점에서 정해진 전국적으로 통일된 평가 기준에 적합한지의 여부를 광역자치단체 등이 평가하여 적합확인을 받은 업자 명단을 널리 공표하는 제도입니다.

우량성 평가 제도는 일정한 수준을 만족시킨 처리업자를 밝혀, 배출사업자가 위탁업자를 선정할 때 참고가 되는 중요한 정보를 널리 제공하는 것을 목적으로 2005년 4월 1일에 시행되었습니다. 그러나 적합확인을 받은 처리업자 수는 시행 후 3년이 경과한 2008년 5월 15일 현재 겨우 262건에 지나지 않습니다. 산업폐기물 처리업자는 허가업자만도 10만 개사 이상이므로 그 0.3%에도 미치지 못합니다. 그래도 우량성 평가 제도에 의해 우량한 산업폐기물 처리업자가 적합확인을 받았으니 우량한 배출사업자는 적합확인을 받은 처리업자에게 위탁하게 되겠지요.

그러나 그것으로 불법투기 문제가 해결된다고는 생각할 수 없습니다. 왜냐하면 불법투기는 우량하지 않은 처리업자와 우량하지 않은 배출업자에 의해 행해지고 있기 때문입니다. 일부의 우량한 처리업자가 적합확인을 받아도, 우량한 배출사업자가 적합확인을 받은 처리업자에게 위탁하게 되더라도, 원래 우량하지 않은 처리업자와 배출업자에 의해 행해지고 있는 불법투기의 감소로 이어지는 것은 아닐 것입니다.

3. 배출사업자에 대한 조치명령도 제한적

불법투기 대책으로서는 예방책만이 아니라 불법투기가 행해진 후의 처리 대책도 중요합니다. 더욱이 최근에는 불법투기에 더하여 허가 요건에 벗어나게 처리 시설에 산업폐기물을 반입·보관하는 '부적정 보관'의 사례가 증가하고 있어 그 대책도 필요합니다.

부적정 처분(불법투기 및 부적정 보관) 대책의 중심이 되는 것은 조치명령입니다. 조치명령이란 부적정 처분이 행해진 경우에 생활환경 보전상의 지장이 생기거나 또는 생길 우려가 있는 때에 그 지장의 제거 내지 방지를 위하여 필요한 조치를 강구하도록 지사 또는 시군구의 장이 명령하는 것입니다. 종래에는 조치명령의 대상자는 부적정 처분의 실행자 및 실행자에게 위법한 위탁을 행한 자에 한정되어 있었지만, 2000년 법 개정에서는 대상을 확대하여 인계서에 관한 의무를 위반한 자와 부적정 처분에 관여한 자가 추가(19조의 5)됨과 동시에 '배출사업자에 대한 조치명령'(19조의 6) 규정이 만들어졌습니다.

처리업자는 낮은 위탁요금 때문에 불법투기로 치닫는 일이 많기 때문에 종래부터 '불법투기의 책임을 배출사업자에게까지 소급하여 지워야 한다'는 비판의 목소리가 있었고, 결국 2000년 법 개정에서 배출사업자까지 소급하여 대상에 포함시키도록 한 것입니다.

그러나 19조의 6에 기초하여 배출사업자에 대하여 조치명령을 내리는 데는 ① 부적정 처분의 실행자에게 자금력이 없을 때, ② 배출사업자가 적정 처리 요금을 부담하고 있지 않은 때, 부적정 처분이 행해지는 것을 알거나 또는 알 수 있었던 때 등, 사업자의 주의의무에 비추어 사업자에게 책임을 지우는 것이 적당한 때로 이 두 가지 요건이 모두 필요하게 되어 있으며 ②의 조건이 애매하기 때문에 2008년 6월 현재 실제로 적용된 사례는 없습니다. 배출사업자에게 조치명령이 나온 사례는 있기는 하지만 그 모두가 무허가업자에게 위탁한다든지 인계서 교부의무에 위반한다든지 하는 등 19조의 5에 기초한 경우에 한정되어 있습니다.

1999년에 발각된 아오모리·이와테 현 경계선의 약 87.6만m³에 달하는 일본 최대 규모의 불법투기 사건[58]에서는 2006년 12월 18일 현재 배출사업자 25개사에 대한 조치명령이 나와 있습니다만, 배출사업자가 1만개 사 이상에 달하는 사건이기 때문에 비율로서

---

58 아오모리·이와테 경계선의 불법투기 사건: 산에이화학공업(주) 및 겐난위생(주) (둘다 산업폐기물처리업자)이 아오모리·이와테의 현 경계선 들판에 '나무 부스러기 및 나무껍질을 퇴비화'한다는 명목으로 산업폐기물을 10~20년간 투기한 사건

는 결코 크다고는 말할 수 없습니다.

4. 증가일로의 불법투기 잔존량

불법투기가 발각되어도 투기자를 알 수 없어 조치명령의 대상이 되는 자를 특정할 수 없는 경우가 있습니다. 또 투기자와 배출업자를 특정할 수 있더라도 도산했다든지 자금력이 없다든지 하여 원상회복 조치를 강구하도록 시킬 수 없는 경우도 있습니다.

1997년도의 '폐기물처리법'의 개정에서는 그러한 경우 생활환경 보전상의 지장이 생긴다든지 생길 우려가 있다든지 할 때는 지사는 스스로 원상회복 조치를 강구할 수 있다고 되어 있으면서 동시에 그 경우의 원상회복을 위한 기금(산업폐기물 적정처리 추진기금)을 산업폐기물 적정처리 추진센터[59]로 설립하도록 했습니다(1998년 6월 17일 시행).

산업폐기물 적정처리 추진기금은 국가가 2억 엔, 산업계가 4억 엔, 합계 6억 엔을 매년 갹출하고 산업계 지분은 건설업계가 70%, 산폐업계가 10%, 경단련이 20%로 분담한다고 약속하여 1998년 6월에 출범했습니다. 그런데 그 후 특히 산업계의 갹출이 예정대로 진행되지 않아서 2005년도까지의 갹출은 누계로 약 36억 엔이 되

---

[59] 산업폐기물 적정처리 추진센터: 1998년 7월에 산업폐기물처리사업진흥재단이 그 지정을 받았다.

어 있습니다.[60]

다른 한편 1998년 6월 16일 이전의 불법투기에 관해서는 그 중에 생활환경 보전상 문제가 생기고 있으면서 투기자 등에게 원상회복을 시킬 수 없는 경우에 관하여 광역자치단체가 원상회복을 행할 경우에는 1998년도부터 국가가 예산조치에 의해 사업비의 3분의 1을 보조해 왔습니다만, 2003년에 '산폐특조법'(10년간의 한시입법)이 제정되어 유해산업폐기물에 관한 보조율이 2분의 1로 인상됨과 동시에 지방채의 발행이 가능해졌습니다. 이것은 아오모리·이와테 현 경계의 불법투기 사건이 계기가 되어 만들어진 제도입니다.

산업폐기물 적정처리 추진기금에 기초한 지원 사업이나 '산폐특조법'에 기초한 지원 사업 모두 산업폐기물처리사업진흥재단을 통하여 행해집니다. 기금에 의한 지원은 원상회복 비용의 4분의 3 이내, 200만 엔 이상으로 되어 있으며, 지원실적은 1999~2006년도에 합계 67건, 철거량은 누계 약 8.6만 톤, 지원액은 누계 약 26.4억 엔(총사업비 누계 약 35.7억 엔)이 되고 있습니다. 2005년도까지의 갹출액이 약 36억 엔임에 비추어 보면 순조롭게 지원이 행해지고 있는 것처럼 보이지만, 지원 실적 67건 중 50건이 산폐불법투기량의 통계에 들어가지 않는 황산피치 등의 불법투기[61] 사안

---

[60] 산업폐기물처리사업진흥재단 홈페이지 2008년 6월 10일, http://www.sanpainet.or.jp,

[61] 황산피치의 불법투기: 부정(不正) 경유(輕油)의 밀조에 수반하는 부산물로서 그 불법투기는 전국 각지에서 빈발하고 있지만, 불법투기의 통계에는 통상 포함되어 있지 않다.

[표 2] 산업폐기물적정처리추진기금에 의한 철거량·지원액

사업년도	황산피치			황산피치 이외			합계		
	건수	철거량 (t)	지원액 (천 엔)	건수	철거량 (t)	지원액 (천엔)	건수	철거량 (t)	지원액 (천엔)
99	3	40	9,867				3	40	9,867
00	1	12	3,690	3	29,500	483,492	4	29,512	487,182
01	3	564	51,890	1	18,200	253,349	4	18,764	305,239
02	7	2,019	149,031	1	0	26,685	8	2,019	2,019
03	15	4,488	434,476	2	2,276	247,958	17	6,764	682,434
04	11	3,328	176,427	4	13,650	317,646	15	16,978	494,073
05	5	1,140	52,240	4	5,323	194,574	9	6,463	246,814
06	5	945	63,291	2	4,304	175,414	7	5,249	238,705
계	50	12,536	940,912	17	73,253	1,699,118	67	85,789	2,640,030

주: 산업폐기물처리사업진흥재단의 자료로부터 작성

이며, 황산피치 등을 제거하는 산업폐기물의 철거량은 평균 9,000 톤 정도에 지나지 않습니다([표 2]).

또 광역자치단체는 조치명령을 내리면 스스로가 재정을 부담해야 한다는 우려가 있기 때문에 조치명령을 내리는 것을 망설이기 쉽다는 이야기도 있습니다. '산폐특조법'에 의한 지원실적은 2003~2007년도에 철거량은 약 36.3만 톤 및 약 10.6만 m³, 출연액은 누계 약 152억 엔에 달하지만([표 3)] 철거된 사안은 데시마 사건[62]과 아오모리·이와테 현 경계선 사건 등 두 건에 불과합니다. '산폐특조법'은 10년간(2003년도부터 2012년도)의 한시입법이기 때

[표 3] '산폐특조법'에 의한 철거량·출연액 (2003~2007년도 실적)

사건	시군구	철거량		출연액(천 엔)
		톤	m³	
데시마	가가와 현 도노쇼죠	240,039	-	5319,652
아오모리· 이와테 현 경계	이와테 현 산노헤마치	123,304	-	3159,749
	아오모리 현 닷코마치	-	106,752	5717,759
기타	아키타 현 노시로 시 후쿠이 현 쯔루가 시 등	0	0	960,168
	계	363,343	106,752	15,157,328

주 1: 산업폐기물처리사업진흥재단의 자료에 의해 작성
주 2: 아오모리 현 닷코마치의 철거량(톤)은 불명

[표 4] 불법투기 잔존량의 추이

연도	2002	2003	2004	2005	2006
잔존량(만 톤)	1,096.1	1,267.00	1,579.50	1,567.30	1,565.30
잔존량 중에 지장 등이 있음(만 톤)	585.5	824.4	945.9	919.8	1,051.30

주 1: http://www.env.go.jp/recycle/ill-dum/santouki/index.html
환경성 홈페이지 '산업폐기물의 불법투기 상황에 관하여'로부터 작성
주 2: 잔존량은 각년도 말 시점. 단 2002년도는 2003년 4월 1일 시점

문에 전체적으로 2003년도부터 2007년도까지 실적의 약 2배 정도 성과밖에 바랄 수 없습니다.

다음으로 [표 4]를 보아주십시오. 불법투기 잔존량은 2002년부터 2004년에 걸쳐 급증하여 2004년 이후는 일정 수준을 유지하고 있습니다. 더욱이 잔존량 가운데 생활환경보전상 지장이 있는 것의 양은 2004년도 이후도 증가하여 2006년도에 약 1,051만 톤까지 달하고 있습니다.

원상회복에 관한 현행 제도가 불충분하다는 것은 [표 2, 3, 4]로부터 명확합니다. 현행 제도대로라면 모든 원상회복이 이루어지는 데는 100년 이상 걸릴 것입니다. '백년하청을 기다린다'는 그런 것입니다. 그러기까지 산업폐기물에 포함되어 있는 유해물질이 주변지역의 생활환경을 계속 오염시키게 되고 맙니다.

원상회복을 서두르려면 '폐기물처리법'(19조의 6)의 '배출사업자에의 조치명령'을 실효성 있는 규정으로 개정함과 아울러 원상회복에 관한 현행 제도를 근본적으로 개선할 필요가 있음은 명확합니다.

[62] 데시마 사건: 가가와 현 세토나이카이에 있는 데시마에서 산업폐기물 처리업자가 '미끼용 지렁이 양식을 위한 자원'이라고 하여 산업폐기물을 야적해서 현이 야적을 방치했기 때문에 환경오염을 가져온 사건을 말한다.

5. 위기물 위장에 의한 불법투기

'산폐특조법'에 근거하여 철거 대상이 된 데시마와 아오모리·이와테 현 경계선의 두 사건에서는 공통된 특징이 있습니다.

데시마 사건에서는 산폐업자가 '미끼용 지렁이 양식을 위한 자원'이라고 둘러대며 산업폐기물을 야적했던 것인데 가가와 현이 산업폐기물업자의 주장을 듣고 야적을 방치했기 때문에 환경오염을 가져온 것입니다. 아오모리·이와테 현 경계선 사건에서도 표면으로는 '나무부스러기와 나무껍질을 퇴비화한다'는 명목으로 산업폐기물을 들판에 10~20년이나 계속 투기했던 것입니다. 두 사건 모두 유가물을 위장함으로써 산업폐기물의 불법투기를 계속하여 적발된 때에는 이미 대규모의 불법투기가 되어 있었습니다.

환경성은 폐기물의 개념 규정으로서 '점유자가 스스로 이용하거나, 타인에게 유상으로 매각할 수 없기 때문에 불필요하게 된 물건을 말하며, 이에 해당하는지의 여부는 그 물건의 성상, 배출의 상황, 통상적 취급형태, 거래가치의 유무 및 점유자의 의사 등을 종합적으로 감안하여 판단한다'고 하는 이른바 '종합판단설'을 채택하고 있습니다. 최고재판소 헤이세이 11년 3월 10일 판결도 비지를 산업폐기물로 판단하는 데서 '종합판단설'을 채택하고 있습니다.

'종합판단설'의 판단요소 가운데 큰 비중을 차지하는 것이 유상으로 매각할 수 있는지, 즉 '거래가치의 유무'입니다. 이 판단요소를 이용하여 '유가물 위장에 의한 불법투기'가 행해집니다. 실제로는 처리업자가 배출사업자로부터 요금(처리비용)을 받지만 물건의 인수에 관해서는 유가물을 구입한 것 같은 계약서를 만들어 운반비 등의 명목으로 실질적인 처리 비용을 수취하는 수법으로 유가물을 위장합니다.

폐기물 정의의 변경은 유효한가

유가물 위장에 의한 불법투기에 관하여 폐기물의 정의가 가끔 그 원인으로서 문제시됩니다.

'종합판단설'처럼 '점유자의 의사'라는 주관적 요소를 고려할 것이 아니라 성상 등의 객관적 요소만으로 판단해야 한다는 견해도 있습니다. 그러나 현실적으로는 신품도 점유자가 불필요하다고 판단하면 폐기물로 배출되기 때문에, 또 그 경우에 생기는 환경오염을 '폐기물처리법'으로 규제할 필요가 있기 때문에 주관적 요소를 고려하지 않을 수는 없습니다. 실제로 1977년까지의 후생성에 의한 폐기물 정의는 '점유자의 의사'를 고려하지 않고 객관적 요소만으로 판단하는 식이었으나 '점유자의 의사'에 의해 폐기물이 된 물건에 수반하는 환경보전상의 지장이 생겼기 때문에 '점유자의 의사'를 포함하는 정의로 변경된 것입니다.

또 '거래가치의 유무'는 불명확한 것으로서 삭제되어야 한다는 견해도 있습니다. 실제로 EU에서의 폐기물의 정의는 '점유자holder가 폐기하거나 폐기를 의도하거나 또는 폐기할 것을 필요로 하는 물질 또는 물품으로서 부속서에 게재된 범주에 있는 것'[63]으로 되어 있어 '거래가치의 유무'는 판단요소에 포함되어 있지 않고, 객관적 요소를 '폐기할 것을 필요로 하는required to discard'에 포함시킨 정의로 되어 있습니다.

확실히 폐기물의 정의로부터 '거래가치의 유무'를 삭제하면 유가물 위장이 의미가 없게 되어 객관적 판단요소에 보다 중점을 둔 판단이 될 가능성은 있습니다. 그러나 현행 정의에서도 운반비 등 다른 명목으로 돈의 흐름을 조사하면 오히려 '거래가치의 유무'가 폐기물에 해당하는지 여부의 근거로도 되기 때문에 '거래가치의 유무'의 삭제가 그다지 효과가 있는 것이라고는 생각되지 않습니다.

6. 산업폐기물 처리를 시장에 맡기는 것은 잘못

폐기물의 정의로부터 '거래가치의 유무'를 삭제해도 산업폐기물 처리가 시장에 맡겨지고 있는 한 '산업폐기물이 쉬운 데로 흐르는' 현상이 멈추는 일은 없습니다. 불법투기에 대한 근본적인 대책으로서는 '산업폐기물이 쉬운 데로 흐르는' 현상을 멈출 수 있는 대책이 필요합니다. 그것은 어떤 대책일까요?

'폐기물처리법'으로 산업폐기물의 처리가 사업자의 책임으로 되

---

63   EU에서의 폐기물의 정의: 구주 회의 및 구주 이사회 지령 2006/12/EC

어 있는 이유는 '오염자 부담의 원칙'[64]PPP에 있습니다. 산업폐기물은 생산과정에서 발생하는 오염물질이기 때문에 그 오염자(배출자)인 기업이 부담해야 한다는 사고방식입니다. 그러나 폐기물은 '부의 재'이기 때문에 그 오염자(배출자)인 기업에 대한 책임을 묻는 방법에는 궁리가 필요합니다.

제4장의 [그림 2]에서 보여진 바처럼 통상적인 '정의 재'에서는 물건의 흐름과 돈의 흐름은 반대방향을 향하고 있기 때문에 돈을 지불한 B(소비자)의 손에 재화가 들어오고, B는 그 재화가 지불된 돈과 부합하는 것인가를 확인하게 됩니다. 부합한 것이라면 또 살 것이고 부합한 것이 아니라면 두 번 다시 사지 않을 것입니다. 따라서 '정의 재'는 소비자에 의해 그 질이 확인[65]되어 질이 나쁜 것은 시장에서 도태되게 됩니다. 이렇게 소비자에 의해 그 질이 확인되는 '정의 재'는 시장에 맡겨져도 됩니다.

그런데 '부의 재'에서는 물건의 흐름과 돈의 흐름은 동일 방향을 향하고 있기 때문에 재화는 돈을 지불한 A(배출사업자)의 손으로부터 떨어집니다. 따라서 A는 재화와 돈을 수취한 B(처리업자)가 행하는 처리가 지불한 돈에 부합하는 것인지를 확인할 수가 없고 기본적으로 확인할 필요도 없습니다.

A(배출사업자)에 의해 그 질이 확인되지 않는 '부의 재'의 처리에

---

[64] '오염자 부담의 원칙': PPP의 원칙. 제6장 참조

[65] '정의 재'의 확인: 다만 '정의 재'라도 소비자에 의한 확인이 곤란한 건축물 내지 가공식품 등에서는 행정에 의한 엄정한 규제가 없으면 위장이 행해질 수 있다.

있어서는 질이 나쁜 B(처리업자)가 시장에서 도태되는 메커니즘은 작동되지 않습니다. 그뿐 아니라 처리의 질을 확인할 필요가 없는 A는 저렴한 처리방법을 선택하려고 하기 때문에, 또 수취한 처리 요금에 부합하지 않는 값싼 처리(불법투기를 포함한다)를 하는 처리업자 쪽이 이득을 보게 되기 때문에 보다 저렴한 요금으로 수탁하는 질이 나쁜 처리업자 쪽이 살아남게 되고 맙니다. 요컨대 산업폐기물은 쉬운 데로 흘러 부적정한 처리와 불법투기를 초래하고 마는 것입니다.

이렇게 '부의 재' 처리를 시장에 맡기는 것은 기본적으로 잘못입니다. '오염자 부담의 원칙'에 기초하여 산업폐기물의 처리를 사업자의 책임으로 하는 것은 당연합니다. 그러나 그렇다고 해도 산업폐기물의 처리를 사업자에게 맡겨버리면, 사업자는 저렴한 처리를 선택하고 게다가 책임을 지도록 할 수 없게 됩니다. '사업자 책임'과 '사업자 방임'은 다른 것입니다.

특정한 중간 처리 시설에 반입시킨다

폐기물이 '부의 재'라는 것에 기초하면 산업폐기물 처리에서 사업자에게 책임을 지우기 위해서는 처리를 사업자에게 맡길 것이 아니라 다음의 ① 또는 ②와 같은 궁리를 할 필요가 있습니다.

① 저렴한 처리를 한 책임이 사업자 자신에게 되돌아오게 하여 사업자가 처리의 질을 확인하지 않을 수 없는 구조를 만드는 것

② 산업폐기물의 배출대상을 사업자에게 맡기지 말고 특정한 중간 처리 시설에 한정할 것

불법투기 방지를 목적으로 한 '폐기물처리법' 개정 중에 우량성 평가 제도는 ①, ② 어느 쪽도 아니어서 효과는 기대할 수 없습니다. 인계서 제도는 ①과 관련이 있지만 배출사업자에게 전면적으로 의존한 제도여서 효과는 기대할 수 없습니다.

최근 GPS 기능을 탑재한 IC 태그[66]를 산업폐기물에 부착하여 추적조사를 함으로써 불법투기를 방지한다는 안도 나와 있지만, IC태그에는 납, 카드뮴, 비소 등의 유해물질이 함유되어 있어[67] 처리 코스트가 급증하는 점, 태그끼리 접근하면 판독 거리가 극단적으로 짧아지는 점 및 태그를 떼어내면 추적불능이 되는 점 등의 기술적 한계가 있는 데다가 그것을 전자 인계서 제도와 조합시켜 사용하기 때문에 인계서 제도가 가지는, '배출사업자에게 전면적으로 의존하는 제도'라는 결함을 극복할 수는 없습니다. 즉 우량한 배출사업자로부터 우량한 처리업자에게로 위탁을 좀 더 치밀하게 하는 것만으로는 불법투기의 감소로 이어지지 않습니다. 다른 한 편 '배출사업자에 대한 조치명령'은 ①에 해당하지만 '폐기물처리

---

[66] IC 태그: 1밀리 이하의 IC태그(물표)를 말함. IC에는 정보를 보존할 수 있으며, 탑재한 안테나를 통하여 리더와 라이터로 정보를 읽고 쓸 수 있다.

[67] 일본변호사연합회 '불법투기 사건의 미연 방지 및 적정 해결을 철저히 하기 위하여 "폐기물처리법"의 개정 등을 요구하는 의견서', 6~8쪽

법' 19조의 6이 실효성을 가지지 않기 때문에 효과는 충분하지 않습니다. 불법투기의 방지효과를 높여가는 데는 '배출사업자에 대한 조치명령'을 원칙화하는 그런 법 개정을 하는 것이 중요합니다. 나아가 보다 근본적으로는 ②의 제도를 만드는 것이 중요합니다.

덴마크의 시스템

덴마크에서는 이전에는 일본과 마찬가지로 각 기업이 처리업자에게 위탁하여 산업폐기물을 처리했었지만, 유해폐기물에 의한 지하수 오염과 토양 오염이 심각해졌기 때문에 1972년도에 배출사업자에게 폐기물의 종류와 수량 등을 시군구에 신고하는 의무를 부과함과 동시에 유해폐기물을 전국의 시군구가 공동출자하여 설립한 코뮤네케미사에 반입하여 처리하는 시스템이 구축되었습니다.[68]

덴마크에서는 폐기물은 지정유해 폐기물, 사업계 폐기물, 가정계 폐기물 등 3종으로 구분됩니다만, 폐기물 관리의 기본 방침으로서 '배출사업자는 시군구가 지정한 처리 시설에서 처리해야 한다'고 되어 있으며 배출사업자는 시군구의 수집계획에 따라 시군구가 지정한 처리 시설에서 폐기물을 처리해야 합니다(비용부담은 배출사업자).

---

[68] 덴마크의 폐기물 처리에 관해서는 "Waste in Denmark" 덴마크 환경청 자료, "Overview and Insight" 코뮤네케미사 자료, 산업폐기물처리사업진흥재단 "일본·미국·유럽의 산업폐기물처리", http://www10.ocn.ne.jp/~rejse/Danmark.htm 2008년 6월 24일을 참조했다.

[그림 2] 코뮤네케미사

시군구는 사업계 폐기물 및 가정계 폐기물을 직접 또는 민간 수
집업자에게 위탁하여 수집하고, 시군구의 처리 시설 또는 시군구
가 허가하는 민간의 처리 시설에서 처리합니다. 시의 수집시에 배
출사업자는 정해진 구분에 따라서 폐기물의 분류를 행하여 필요
한 모든 처리를 행해 놓아야 합니다. 지정유해 폐기물은 우선 배
출자가 시군구에 폐기물의 종류, 조성, 양 등의 정보를 신고하고
시군구로부터 유해폐기물 카드를 받음과 동시에 반입 장소와 반
입 방법을 지시받습니다. 코뮤네케미사는 전국에 19개소의 집하
기지를 가지고 있습니다만, 가정과 소규모 사업자로부터의 지정
유해 폐기물은 각 시군구의 수집 센터에 반입된 후 집하기지로 운

반됩니다. 대규모 사업자는 직접 코뮤네케미사의 집하기지로 운반할 수도 있습니다. 집하기지로부터 코뮤네케미사로는 주로 철도로 수송됩니다.

덴마크의 폐기물 처리 시스템은, 폐기물은 '부의 재'라는 본질에 뿌리를 두고 있습니다. 산업폐기물을 시군구가 파악함과 동시에 산업폐기물의 중간 처리 시설을 시군구가 지정하고 있어서 사업자에게 책임을 지울 수가 있는 것입니다. 산업폐기물의 중간 처리 시설은 공공이 중심이 되는 쪽이 낫겠지만, 기술혁신을 촉진하기 위해 소수의 민간을 인정하는 것으로 해도 좋을 것입니다.

산업폐기물의 중간 처리를 공공을 중심으로 한 특정한 시설에 한정하면 많은 산업폐기물 처리업자가 일자리를 잃는다는 의견이 있는지도 모르지만, 아무 준비 없이 모든 산업폐기물에 관하여 적용시키지 않고 유해한 산업폐기물부터 순차적으로 단계적으로 대상 산업폐기물을 확대해 가면 실업문제도 그리 큰 문제는 되지 않을 것입니다.

7. 국가가 말하는 '공공관여'는 산업계를 위해

여기서 소개하고 있는 '산업폐기물을 공공을 중심으로 한 중간 처리 시설로 운반시킨다'는 구조는 환경성이 말하는 '공공관여'의 접근방식과는 다릅니다.

[그림 2] 덴마크의 유해 폐기물 관리 시스템

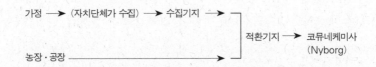

출처 : "The Danish System for Hazardous Waste Management"(코뮤네케미사 자료)

　'공공관여'란 용어가 최초로 사용된 것은 《후생백서》(1975년도
판)입니다만, 거기서는 '산업폐기물의 적정처리를 위해서는 공공
이 관여할 필요가 있다'는 취지였으나 그 후 점차 '공공이 처분장
을 건설하는 것'을 의미하는 식으로 변해 갔습니다.[69] 특히 1990년
대에 들어오면 국가는 산업폐기물 처리의 공공관여를 권장하기
시작하여 1991년의 '폐기물처리법' 개정에서는 특별관리 일반폐기
물[70], 적정처리곤란물[71] 및 산업폐기물의 처리를 행하는 공익법인
'폐기물처리센터'를 광역단위에 설치하도록 했습니다. 또 1992년
에는 '산업폐기물의 처리에 관계되는 특정시설의 정비 촉진에 관
한 법률'을 제정하여 산업폐기물 처리 시설을 설치한 경우에 집회

[69]　'공공관여'에 관해서는 세키 고헤이 '산업폐기물처리에서의 공사분담의 변용'(가나자와 후미오 《공사
　　분담과 공공정책》 제11장)을 참조했다.

[70]　특별관리 일반폐기물: 제7장을 참조

[71]　적정처리곤란물: 제7장을 참조

시설, 스포츠·레크리에이션 시설, 교양문화 시설 등의 정비가 촉진되도록 하는 조치를 강구하도록 했습니다.

이 배경에는 민간업자에 의한 산업폐기물 처분장의 설치가 지역의 반대운동에 부딪쳐 정체한 점 또 처분장 부족에 의해 처리요금이 상승해 왔기 때문에 '공공관여'로 처분장을 정비할 필요가 제기되어 온 점이 있습니다. 이 때문에 발전소 입지 때에 사용되었던 '입지 시군구에서의 시설정비'의 행정기법을 도입함으로써 민간에 의한 처분장 설치도 원활히 추진하도록 한 것입니다. 이것은 '공공관여'가 처분장 부족과 처리 요금 상승이라는 '대량생산의 장애물 타개'라는 목적을 위해 원용된 것을 의미합니다.

더욱이 2000년의 '폐기물처리법' 개정에서는 폐기물처리센터의 지정요건이 완화되어 1개 광역에 1개소라는 제한이 철폐됨과 아울러 공익법인만이 아니라 지방공공단체의 출자를 동반하는 주식회사와 'PFI법'[72]에 의한 선정 사업자도 지정받을 수 있게 되었습니다. 처리대상도 확대되어 통상적인 일반폐기물의 처리도 행해질 수 있게 되었습니다. 게다가 국가의 재정적 지원과 세제상의 우대조치도 강화되었습니다. 이에 의해 '공공관여에 의한 폐기물 처리'가 민간처리업자에게 개방됨과 동시에 거기에 거액의 세금을 쏟아붓는 구조가 만들어진 것입니다. 이것은 '대량생산의 장애물 타

---

[72] PFI법: PFI란 Private Finance Initiative의 약자로 공공시설의 건설, 유지관리, 운영 등을 민간의 자금, 경영능력 및 기술적 능력을 활용하여 행하는 기법임. '민간자금 등의 활용에 의한 공공시설의 정비 등의 촉진에 관한 법률'(약칭 'PFI법')이 1999년 7월에 제정되었다.

개'라는 목적에 더하여 '폐기물 처리 산업을 위한 관제시장'이 세금을 쏟아부어 만들어지는 것을 의미합니다. '공공관여'의 의미·목적이 이렇게 변질하는 것을 통하여 '오염자 부담의 원칙'이 알맹이를 잃고, 나아가서 세금으로 처리 산업의 진흥을 꾀하는 구조가 만들어진 것입니다. '공공관여'는 일관되게 산업계를 더욱 도와주는 쪽으로 변질되어 왔습니다.

산업폐기물의 배출처를 자유로이 한 채, 공공이 처분장을 정비하는 일본의 '공공관여'와 산업폐기물의 배출처를 공공을 중심으로 한 중간 처리 시설로 한정하는 덴마크의 '공공에 의한 처리' 정책과는 전혀 다른 것이며, 적정처리 및 오염자 부담 원칙의 실현 정도도 전혀 다른 것입니다.

8. 산업폐기물은 공공관리 하에서 처리한다

'폐기물처리법'에는 일반폐기물의 처리 책임은 시군구에 있고, 산업폐기물의 처리 책임은 사업자에게 있다고 되어 있습니다. 그리고 실제 처리도 일반폐기물은 시군구가, 산업폐기물은 사업자가 담당하고 있습니다. 처리업자에게 위탁하는 경우에도 처리 책임은 어디까지나 시군구와 사업자에게 있습니다. 말하자면 '일반폐기물은 공공에서 산업폐기물은 민간에서'라는 방침입니다.

그러나 배출사업자가 스스로 처리할 수 있다든지 요금이 저렴한 처리업자에게 자유로이 위탁할 수 있다든지 하는 식으로 시장의 자유에 맡기고 있는 지금의 산업폐기물 처리 구조는 산업폐기물을 쉬운 데로 흐르게 하여 그 결과 환경오염을 확산하고 있는 것과 마찬가지입니다.

독일에서는 산업폐기물의 배출자는, 폐기물을 인수하는 처리업자도 처리방법도 관할 자치단체에 신고해야 합니다. 게다가 유해폐기물의 경우에는 자치단체가 어디서 처리해야 할지를 지정할 수 있으며, 배출사업자가 위탁처를 자유로이 고를 수 없게 되어 있습니다.[73] 사업자에게 맡기면 산업폐기물이 쉬운 데로 흐르기 때문에 시장을 공공이 관리·규제하고 있는 것입니다. '공공에 의한 처리'의 갑작스런 실현이 어려운 경우에는 이러한 '공공에 의한 시장의 관리·규제'를 실현하면 됩니다.

사업자의 책임을 묻는 것은 사업자에게 맡기는 것과는 다릅니다. 오히려 사업자에게 맡기면 산업폐기물은 쉬운 데로 흘러 사업자의 책임을 다하게 할 수 없습니다. 사업자의 책임은 비용부담에 의해 이행하도록 해야 하며, 처리는 사업자의 자유에 맡기지 말고 공공의 관리 하에 행하고 비용을 사업자로부터 징수하는 방식으로 전환해야 합니다. 그것이 적정처리를 실현하는 최선의 방법입니다.

---

[73] 아베신 세키 고헤이 '공공관여 정책의 일독비교를 향한 일고찰'(《시마다이법학》 51권 3·4호)

제8장

위장 리사이클은
왜 횡행하는가

1. 두 가지 위장 리사이클 사건

바야흐로 리사이클은 대의명분이 되었습니다. 어제의 일을 생각하면 격세지감이 듭니다. 그러나 대의명분이 된 것의 대다수가 그러하듯, 지금이야말로 리사이클에도 의심의 눈길을 보내지 않으면 안 되게 되었습니다.

제7장에서 소개한 것처럼 최근의 불법투기에는 유가물 위장에 의한 것이 증가하고 있습니다만, 리사이클에 있어서도 유가물 위장에 의한 '위장 리사이클'이 증가하고 있습니다.

페로실트 사건

위장 리사이클의 전형적인 사례가 페로실트 사건[74]입니다. 페로

---

[74] 페로실트 사건에 관해서는 '아이치의 환경을 생각하는 동료들' 홈페이지 http://homepage3.nifty.com/aichigomi/ 참조

[그림 1] 페로실트

실트란 이시하라산업[75]이 2001년부터 생산, 판매하던 토양보강재·토양 되메움재로 산화티탄의 제조공정으로부터 배출되는 부산물을 중화처리하여 생산하고 있었습니다.

미에 현은 2002년도부터 '산업폐기물 억제에 관련된 산관 공동연구 사업'으로서 페로실트의 식물육성 효과에 관한 연구를 행하고 있었습니다. 이 연구 결과, '식물의 육성'은 커녕 '억제' 작용이 있음을 확인하고도 그 결과를 은폐하여 오히려 생육촉진 효과가 있다는 등 선전을 하여 2003년에는 현의 '리사이클제품이용추진조례'에 기초한 리사이클 제품으로 인정받았습니다.

그런데 2005년에 페로실트에서 환경기준을 넘는 6가크롬, 불소, 방사성물질인 우라늄과 토륨 등이 함유되어 있는 것이 판명되어 이시하라산업의 회사 간부가 체포되는 사태까지 나갔습니다. 관민이 공모共謀하여 유해 리사이클 제품을 권장품으로 한 '위장 리사이클'이었습니다.

---

[75] 이시하라산업: 오사카 시에 본사를 둔 화학 메이커인데, 주력 공장은 요카이치 시에 있으며, 고도성장 시에는 요카이치 시 천식의 원인물질의 주요한 배출원의 하나였다. 황산을 요카이치 항에 흘려보내는 '이시하라산업 사건'도 일어나고 있다.

철강 슬래그의 환경오염

페로실트보다도 일반적으로 각지에서 문제가 되고 있는 것이 철강 슬래그의 리사이클 제품입니다.

철강 슬래그는 제철 과정에서 나오는 잔재물(광재)로서 고도경제성장 시대부터 자주 해면의 매립재로 이용되어 온 것입니다. 그후 노반재와 콘크리트 골재 등에 이용되어 왔습니다만, 공공사업의 감소에 따라 철강 슬래그가 공급과잉 상태가 되어 철강업계는 철강 슬래그의 수요처를 찾으려 애쓰게 되었습니다.[76] 철강 슬래그가 팔리지 않게 되면 산업폐기물로 처리해야 합니다. 철강 슬래그의 처리에는 1톤 당 약 2만 엔의 처리비가 듭니다. 이런 이유로 유가물로 위장하여 '구입자'에게 '판매가격' 이상의 금액을 운반비 등의 명목으로 지불하고 인수하게 하는 '위장 리사이클'이 횡행하고 있습니다.

'구입'된 철강 슬래그는 야적되어 환경오염을 일으킵니다. 철강 슬래그는 빗물에 닿으면 붕소, 비소, 납 등이 용출되는 데다 강 알칼리성의 오수가 생겨 주위의 식물을 마르게 합니다. 건조하면 분진이 날려 주변 주민의 건강을 해칩니다. 그런데 철강 슬래그의 야적에 관해 주민으로부터 정보가 들어와도 행정관청은, '2년 정도 재우지 않으면 노반재로 사용하지 않는다'는 따위의 업자가 하

---

[76] 철강 슬래그 문제: '아이치의 환경을 생각하는 동료들' 홈페이지 외에 FCC System 홈페이지 http://fccsystem.co.jp 2008년 6월 29일, MSN 매일 인터액티브 (2007년 9월 9일)를 참조

는 말을 그대로 받아들여, '철강 슬래그는 리사이클 원료이지 폐기물은 아니다'고 판단하여 방치하는 일이 적지 않습니다. 리사이클이 면죄부가 되어 있는 것입니다.

2. 산업폐기물이 리사이클 제품이 되는 구조

철강 슬래그가 리사이클 원료로 간주되는 요인은 법률과 행정에도 있습니다.

'그린 구입법'은 국가와 지방공공단체에게 환경 부하가 작은 제품을 우선적으로 구입할 것을 의무화하는 것을 목적으로 하여 2000년에 제정되었습니다만, 이 법률에 기초하는 특정 조달 품목[77]에 '공공 공사에 관계되는 품목'으로서 지반 개량용 철강 슬래그, 철강 슬래그 혼입 아스팔트 혼합물, 철강 슬래그 혼입 노반재가 지정되어 있습니다.

철강 슬래그를 사용한 인공 간척지의 조성

철강 슬래그를 이용한 인공 간척지 조성계획도 행정에 의해 진행되고 있습니다. 국토교통성과 아이치 현이 미카와 만에서 실증 사업을 행하고 있으며, 그것을 모델로 하여 치바 현 산반제에서도

---

77 특정 조달품목: 중점적으로 조달을 추진해야 하는 품목으로 각 부처의 결정에 의해 지정된다.

마찬가지의 인공 간척지 조성실험[78]이 시작되고 있습니다. 과거에 많았던 매립 수요가 감소했기 때문에 '환경사업으로서의 인공 간척지 조성'으로 대체시키고자 한다는 것이겠죠.

철강 슬래그가 야적되어 각지에 환경오염을 일으키고 있습니다만, 철강 슬래그가 '철강 혼입 노반재', '철강 슬래그 혼입 아스팔트 혼합물' 등의 리사이클 제품으로 혼입되어도 노반과 아스팔트는 오랜 세월 산성비를 맞아서 유해금속이 용출되기 쉽기 때문에 장기적으로는 환경오염을 가져올 위험성이 크다고 할 수 있습니다.

용융 슬래그의 위험성

이러한 위험성은 가스화 용융로와 재용융로[79]로부터 배출되는 슬래그에서도 같습니다. 가스화 용융로와 재용융로는 용융 슬래그화함으로써 처분장이 필요 없다는 선전을 통해 보급되고 있고, 용융 슬래그는 철강 슬래그와 마찬가지로 노반재와 콘크리트 골재로 이용됩니다.

용융 슬래그를 노반재와 콘크리트 골재로 할 경우의 JIS(일본공업규격)가 2006년 7월에 결정되었습니다만, JIS는 '국가가 정하는 공업표준', 즉 공업의 표준화(자유로 방치되면 다양화, 복잡화, 무질서화하는 사항을 소수화, 단순화, 질서화하는 것)를 위하여 제정되는 '약

---

[78] 치바 현 산반제의 인공 간척지 조성실험: 치바 현 자연보호연합 홈페이지 http://www005.upp.so-net. ne.jp 2008년 6월 29일

[79] 재용융로: 쓰레기 소각로로부터 나오는 소각재와 비산재를 고온으로 녹여 슬래그화하는 노

속'에 불과하여 안전성을 보증하는 것은 아닙니다.

또 용융시설에서 만들어진 용융 슬래그의 용출시험[80]에서 기준
치를 넘는 사례도 보고되고 있기 때문에 그것이 노반재 등으로 이
용된 경우에도 환경오염을 가져올 위험성은 결코 작지 않습니다.

3. 행정이 촉진하는 산업폐기물의 이용

페로실트가 미에 현의 리사이클 제품으로 인정된다든지, 철강
슬래그가 '그린 구입법'의 특정 조달품목으로 지정된다든지, 인공
간척지 조성에 사용된다든지, 용융 슬래그의 JIS 규격이 정해진
다든지 했던 일련의 움직임을 보면, 행정이 산업폐기물을 혼입한
리사이클 제품의 보급을 적극적으로 후원하고 있음을 알 수 있습
니다.

페로실트와 철강 슬래그가 실제로 위장 리사이클에 의해 환경
오염을 초래하고 있는 사실에 비추어 보면 이것은 너무나도 안이
한 행위라고 할 수밖에 없습니다. 더 말하자면 일본의 순환형사회
만들기는 '산업폐기물을 리사이클 제품에 포함시켜 합법적으로 환

---

[80] 용융 슬래그의 용출시험: 나카무라 마사코 '도쿄중앙방파제문제'(폐기물을 생각하는 시민의 모임 《폐
기물열도》 168호 수록)에 의하면, 2007년 5월에 도쿄도 중앙방파제의 재용융시설에서 만들어진 용
융 슬래그의 용출시험에서 납이 기준치 이상 검출되었다. 중앙방파제의 재용융시설과 마찬가지로 미
쯔비시 중공업의 플라즈마 용융로를 설치한 청소공장에서는 히로시마 시 중공장 (2회), 나고야 시 고
조가와 공장, 센다이 시 마쯔모리 공장에서 비슷한 사고가 일어나고 있다.

경 중에 살포하는 구조'를 만든 것으로까지 볼 수 있습니다.

산업폐기물을 폐기물로서 처리하면 비용이 증가합니다만, 리사이클 제품으로 팔면 수입이 됩니다. 게다가 산업폐기물 처분장의 확보난이라는 '대량생산의 장애물'을 리사이클의 대의명분을 기초로 타개할 수 있습니다. 산업계에 있어서 이 정도로 고마운 구조는 없습니다.

2000년 제정 당시, 공공기관이 재생지를 구입하여 폐지 리사이클을 지원하도록 한 이미지로 그려진 '그린 구입법'이, 그 후 특정 조달품목으로 '공공 공사에 관계된 품목'이 차차 추가 지정됨으로써 바야흐로 철강과 건설 등의 기간산업을 공공사업이 지원하는 법률로 비대화하고 있는 것도 '산업폐기물을 리사이클 제품에 포함시켜 합법적으로 환경 중에 살포하는 구조'가 만들어진 것, 심지어 그것을 세금으로 지원하는 구조까지 만들어진 것을 보여주고 있습니다. 놀랍게도 '공공 공사에 관계된 품목'에는 다이옥신과 유해금속을 고농도로 함유하는 비산재(플라이 애쉬)를 사용한 '플라이 애쉬 시멘트'와 '플라이 애쉬를 쓴 분무 콘크리트'까지 지정되어 있습니다. 비산재를 시멘트·콘크리트에 혼입하면 위험하기 짝이 없는 것입니다.

이런 리사이클이 계속 허용된다면, 그 연장선상에서 원자력 발전소의 폐로에 수반하는 대량의 콘크리트 조각·금속 조각 등도 결국에는 리사이클되고 말겠지요.

산업폐기물로 노반재를 만들면 합법적으로 도로에 투기할 수

있습니다. 골재로 하면 건축물에, 퇴비로 하면 농지에, 지반개량재
·토양개량제로 하면 모든 토양·지반에 투기할 수 있습니다.

제7장의 [표 1]에서 2005년도 이래로 불법투기량이 감소하고
있다고 소개했습니다만, 이에는 '산업폐기물을 리사이클 제품에
포함시키는 구조'가 만들어진 것이 하나의 요인이 되고 있는 것은
틀림없습니다. '산업폐기물을 리사이클 제품에 포함시키는 구조'가
만들어짐으로써 전국 곳곳에 합법적으로 투기할 수 있게 되어 일
부러 위험을 무릅쓰면서까지 불법투기를 할 필요성이 없어진 것
입니다.

4. 골프장이 처분장으로 되다

골프장이 산업폐기물 처분장으로 되고 있는 것을 보여주는 사
건이 시즈오카 현 미시마 시에서 일어나고 있습니다.[81]

미시마 시의 그랜드필즈 골프장은 당초 후지 녹화가 소유하고
있었습니다만, 2003년에 가나가와에 본사가 있는 (주)WING에 팔
렸습니다. 2006년 9월, 이 골프장의 회원권을 가진 인물에 의해
골프장 부지 내에 다량의 산업폐기물 같은 것이 묻혀 있다는 고발

---

[81]   호리 다카노부 '미시마 그랜드필드 골프장 산업폐기물 불법투기 의혹'(폐기물을 생각하는 시민 모임《폐
기물열도》164호 수록

이 이루어졌습니다.

　다음달 10월 현과 시가 현지조사를 실시했습니다. 12월 말에는 미시마 시가 골프장 부지 내의 연못, 조정지 등에서 수질검사를 행했습니다만, 중금속 등은 기준치 이상으로는 없었다고 발표했습니다. 또 시즈오카 현은 묻힌 것이 무엇인지를 조사하지 않고 골프장과 폐기물 처리업자 간에 매매계약서와 영수증이 존재하는 것을 근거로 '토양보강재' 또는 '재생골재'였고, '산업폐기물은 아니다'라고 결론내렸습니다.

　그런데 시민이 미시마 시에 정보공개를 청구하여 조사한 바, 시의 수질검사 결과는 기준치는 넘어가지 않았지만, '납, 비소, 아연 등의 함유물이 확인되어 앞으로 토양, 수질오염의 우려도 있어 계속 검사가 필요하다'는 주의사항이 기록되어 있었습니다. 또 부지 내의 연못 여러 곳에서 PH가 강 알칼리성을 보이고 있었고, 장소에 따라서는 PH 11.9라는, 생물이 서식할 수 없을 정도로 높은 비정상적 수치를 보이고 있었습니다.

　2007년 6월에는 새로운 고발이 도쿄지검에 제출되었습니다. 고발장에 의하면 골프장에 묻힌 것은, 리사이클업자 크리스탈 클레이사 마시코 공장에서 유리 미분말을 점토와 혼합하여 소성하는 데 실패한 폐기물로, 그 후 이 회사의 츠쿠바 공장에 보관되어 있었기 때문에 이바라키 현 산업폐기물대책과가 납, 6가크롬, 비소가 용출될 우려가 있어서 두세 번에 걸쳐 적정 처리를 하도록 행정지도를 했던 것이었습니다. 그러나 장기간 방치된 후 그랜드필즈 골프장에 매설용 토사로 유가물로 거래되어 콘크리트 조각, 석고, 타일 조각 등과 함께 그랜드필즈 골프장 내에 묻혔다는 것이 었습니다.

이 사건의 특징은 당사자인 3자(폐기물 처리업자 IWD사, 골프장 소유자 (주)WING, 리사이클업자 크리스탈 클레이사)의 경영자가 동일 인물이라는 점이었습니다. 계열기업인 3사가 공모하면 '유가물 위장에 의한 불법투기'는 용이하게 행해질 수 있습니다.

유리 부스러기는 산업폐기물이지만, 다른 한편으로 유리병과 골재의 원료가 되는 재생자원이기도 합니다. 수급상황에 따라 재생자원도 되고, 폐기물로도 됩니다. 폐기물이 되면, 그것은 폐기물로서 처리되어야 합니다. 따라서 크리스탈 클레이사가 보유하는 유리 부스러기가 폐기물이 되는 때에는 그것을 IWD사 등의 폐기물처리업자에게 인도하여 처리해야 합니다. 그러나 실제로는 골프장 소유자인 (주)WING사에 인도된 것이었습니다.

유리 조각이 골재로서 매각되어 그것이 콘크리트에 혼입된 것이라면 유리 조각은 재생자원이라고 할 수 있을 것인데 다른 산업폐기물과 함께 단순히 매립된다면 재생자원이 아니라 폐기물에 지나지 않습니다. 그런데도 시즈오카 현은 묻힌 것을 확인하지도 않고 매매계약서와 영수증이 존재하는 것을 근거로 '산업폐기물은 아니다'고 결론을 내린 것입니다.

유상양도를 위장한 탈법행위의 규제

유상양도를 위장한 탈법행위를 막기 위해 환경성은 다음과 같은 규제개혁 통지(헤이세이 17년 3월 25일 환폐산발 제 050325002호)를 내놓고 있습니다(밑줄은 인용자).

'……제4 "폐기물"인지 아닌지를 판단할 때의 수송비 취급 등의 명확화

헤이세이 3년 10월 18일자 위산제50호 후생성 생활위생국 수도 환경부 환경정비과 산업폐기물 대책실장 통지에서 보여준 바대로 산업폐기물의 점유자(배출사업자 등)가 그 산업폐기물을 재생이용하기 위해 유상으로 양수하는 자에게 인도할 경우의 수집운반에서는 인도하는 측이 수송비를 부담하고 당해 수송비가 매각대금을 상회할 경우 등 당해 산업폐기물의 인도에 관계된 사업 전체에서 인도하는 측에게 경제적 손실이 생기고 있는 경우에는 산업폐기물의 수집운반에 맞게 법이 적용됨. 한편 재생이용하기 위해 유상으로 양수하는 자가 점유자가 된 시점 이후에 관해서는 폐기물에 해당하지 않음.

또 유상인도를 위장한 탈법적인 행위를 방지하기 위해 이 경우의 폐기물에 해당하는지의 판단에 있어서는 특히 다음의 점에 유의하여 그 물건의 성상, 배출의 상황, 통상적 취급 형태, 거래가치의 유무 및 점유자의 의사 등을 종합적으로 감안하여 판단할 필요가 있음.

(1) 그 물건의 성상이 재생이용에 적합하지 않은 유해성을 보이고 있는 것 또는 오물에 해당하지 않는 것일 것. 또 귀금속을 함유하는 오니 등으로서 거래가치를 가지는 것이 확실한 것은 이런 것들에 해당하지 않는다고 해석할 것.

(2) 재생이용을 하기 위해 유상으로 양수하는 자에 의한 당해 재생이용이 제조사업으로서 확립·계속되고 있고 매각실적이 있는 제품의 원재료 일부로서 이용하는 것일 것.

(3) 재생이용을 위해 유상으로 양수하는 자에 있어서 명목 여하에 관계없이 처리요금에 상당하는 금품을 영수하지 않을 것

(4) 재생이용을 위한 기술을 가진 자가 한정되어 있거나 또는 사업활동 전체로서는 계열사와의 거래를 행하는 것이 이익이 되는 등의 이유에 의해 원격지에 수송하는 등 양도처의 선정에 합리적 이유가 인정될 것.'

유리 조각을 유상으로 양수한 골프장 소유자 (주)WING은 그것을 다른 폐기물과 함께 단순히 골프장에 묻었기 때문에 '당해 재생이용이 제조사업으로서 확립·계속하고 있다'(통지 (2) 밑줄 부분)고 말할 수 없습니다. 또 유리 조각은 납, 6가크롬, 비소가 용출할 우려가 있기 때문에 통지 (1) 밑줄 부분에도 위배됩니다. 따라서 통지에 근거하면 시즈오카 현은 골프장에 묻힌 유리 조각 등이 산업폐기물이라고 인정해야 했던 것입니다.

원래 폐기물 처리업자·리사이클업자와 골프장 회사가 계열사인

것 자체가 부자연스러운 것이며, 그런 점만으로도 '유가물 위장에 의한 불법투기'의 가능성을 의심할 수밖에 없는데도 행정이 이러한 자세라면, 계열사를 이용한 '유가물 위장에 의한 불법투기'와 골프장이 처분장이 되는 사태가 앞으로 빈번하게 일어날 것입니다.

5. 재생자원이 처분장으로 운반된다

재생자원이 리사이클되지 않고 그대로 산업폐기물 처분장으로 운반되고 있는 실태도 보고되고 있습니다.

'용기포장리사이클법'에 근거하여 재생자원으로서 분리수거된 플라스틱이 리사이클되지 않은 채로 산업폐기물업자에게 인도된다든지 처분장에 운반된다든지 하고 있는 실태가 텔레비전 보도로 밝혀져 문제가 되었습니다. 최초로 발견한 것은 사이타마 현 아사카 시입니다만, 그 후 다른 시군구에서도 비슷한 실태가 있다는 것이 알려져 왔습니다.

재생자원은 통상적으로 폐기물이 되는 것은 아닙니다. 폐기물로 하면 불법투기를 하지 않는 한 산업폐기물 처리비를 부담해야 하기 때문에 돈을 지불하고 재생자원을 구입한 자가 그것을 바로 폐기물로 하는 등의 일은 일어날 수가 없습니다. 재생자원은 '정의재'[82]가 되어 있기 때문입니다. '용기포장리사이클법'에서는 시군구에 의해 수집·보관된 포장 용기는 리사이클업자에 의해 인수되어 리사이클로 회수됩니다만, 리사이클업자는 그때 일본용기포장리사이클협회로부터 위탁료를 수취합니다.

따라서 '용기포장리사이클법'의 토대에서는 재생자원은 물건의 흐름과 돈의 흐름이 동일한 방향(리사이클업자에게로 향하는 방향)을 향하고 있기 때문에 '부의 재'가 되고 있는 것입니다.

'부의 재'에서는 재화가 돈을 지불한 자의 손에서 떨어져 나가기 때문에 그 후의 처리(리사이클)가 지불한 돈에 부합하는 것인지를 확인하는 것은 불가능하며, 기본적으로는 확인할 필요도 없습니다. 그러한 '부의 재'의 처리(리사이클)를 시장에 맡기면, 질이 나쁜 업자 쪽이 살아남는 결과를 초래하고 마는 것입니다(제4장 [그림 4] 참조).

구체적으로 말하면 일본용기포장리사이클협회로부터 수취하는 위탁료가 산업폐기물 처분장에서 받아들이는 요금(처리비)보다 높으면 높을수록 리사이클업자가 산업폐기물 처분장에 반입할 가능성은 높습니다.

유리병의 수탁료는 톤당 4,000~6,000엔이기 때문에 처분장에 가져가도 거의 이익은 되지 않습니다만, 플라스틱 포장 용기의 수탁료[83]는 톤당 약 6~9만 엔이기 때문에 처분장에 가져가면 처분

---

[82] 정의 재 · 부의 재: 제4장 참조

[83] 수탁료: 유리병과 플라스틱 포장 용기의 수탁료는 일본용기포장리사이클협회 홈페이지 http://www.jcpra.or.jp 2008년 7월 29일에 의함

장 이용요금을 지불해도 큰 이익을 얻을 수 있습니다.

텔레비전 보도에서 문제가 되고 있는 포장 용기 종류가 모두 플라스틱인 이유는 이 점에 있습니다.

'용기포장리사이클법'의 기초에서 '부의 재'가 되어 있는 재생자원을 통상적인 재생자원과 같이 민간업자의 자유에 맡기는 것은 근본적으로 잘못입니다. 그것은 산업폐기물의 처리를 배출사업자의 자유에 맡기고 있는 것과 마찬가지로 잘못입니다. 이 문제를 해결하는 데는 산업폐기물 처리에 관하여 서술한 바와 같은 '공공에 의한 시장의 관리·규제'가 필요한 것입니다.

6. 아이치 현의 재생자원 적정활용 요강

그렇다면 유가물 위장에 의한 불법투기, 위장 리사이클 그리고 '용기포장리사이클법'의 토대에서의 재생자원의 폐기물화를 막는 데는 어떠한 '공공에 의한 시장의 관리·규제'가 필요할까요?

아이치 현은 페로실트 문제를 계기로 '재생자원의 적정한 활용에 관한 요강'[84](2008년 7월 시행)을 제정했습니다. 재생제품 등이

---

[84] 아이치 현의 '재생자원의 적정한 활용에 관한 요강'
 ● 대상이 되는 것(현 내에서 발생, 제조한 것에 한한다.)
 · 산업폐기물 또는 제품의 제조과정에서 생기는 폐기물
 · 산업폐기물과 부산물을 원료로 하여 제조된 재생품

시장에서 유통되기 전에 사업자가 신고하도록 해서 유해성이 없는지, 산업폐기물을 재생제품으로 속이고 있지 않는지 등에 관하여 심사하는 것을 내용으로 하는 전국 최초의 요강입니다.

아이치 현은 또 '요강'에 기초한 신고 사항을 심사하기 위한 기준을 '아이치 현 재생이용 지침'으로 정하고 있습니다. 재생이용 지침이 주목을 받는 점은 아래의 항목입니다.

• **분석**: 분석은 통상적으로 카드뮴, 납, 6가크롬, 비소, 총수은, 셀레늄, 불소 및 붕소에 관하여 행하고 필요에 따라 항목을 추가한다.

• **기준**: 분석의 결과, 통상적인 경우는 토양환경기준에 적합할 것, 재생품 등이 지면에 접하거나 또는 지중에서 이용되는 경우에는 토양환경기준에 더하여 토양오염대책법에서 정한 함유량 기준

● 사업자에 의한 신고 · 관리
  · 신고자
  – 재생품 등을 판매하려고 하는 자
  · 주된 신고사항
  – 재생의 방법, 보관의 방법, 환경안전성에 관계된 성상의 관리방법, 판매방법
  – 토양환경기준 등에 적합함을 밝히는 서류 · 판매 · 운반에 관계되는 계약내용을 기재한 서류 또는 계약이 경제적 합리성을 가진다는 취지의 서약서
  · 신고시기
  – 재생품 등을 최초로 판매하기 30일 전까지 지사에게 신고
  · 신고 후의 관리
  – 재생품 등의 정기적인 분석 결과와 판매수량, 판매가격, 운반경비 등의 기록을 5년간 보존

● 현에 의한 심사, 지도 등
  – 신고내용을 심사하고 필요한 지도 · 조언 · 현지조사를 행한다. 또 재생품 등의 환경안전성에 관하여 분석을 행한다.
  – 사업자가 요강에 따르지 않는 경우는 권고를 행한다.

에 적합할 것

• **판매할 수 없는 경우**: 판매할 수 없는 경우에 산업폐기물이 되는 경우의 적정한 처분방법이 미리 명확히 되어 있을 것

• **토지조성재로의 이용의 제한**: 토지조성재는 원칙적으로 자연지반의 굴삭 등에 따라 발생하는 토사 등을 원재료로 하는 데 국한할 것

• **운반비의 특례**: 판매자가 부담하는 운반비가 판매가격을 상회하는 등 재생품 등의 거래 전체에서 판매자 측에 경제손실이 생기고 있는 경우, 이 재생품의 인계는 산업폐기물의 수집운반에 해당한다.

아이치 현에 의하면 판매가격과 운반비의 데이터가 다수 정리되면 위조 여부를 알 수 있을 것이라는 것입니다. 대상이 되는 것이 현 내에서 발생, 제조한 것에 한정되는 것이 약점입니다만, 그 약점을 보완하기 위해 한편으로 국가에 입법을 요청하고 있습니다. 현에서는 요강으로 실적을 쌓은 다음 조례로 할 것을 계획하고 있습니다.

조금 전과 같은 계열사를 이용한 인도에 관해서는 판매가격과 운반비만으로는 감독이 어렵다고 생각됩니다만, 그래도 이 요강과 지침은 위장 리사이클에 대한 유력한 대책이 될 수 있을 것입니다. 이러한 대책을 산업폐기물 전반에 관해서도 강구하도록 하면 산업폐기물의 흐름을 인계서(폐기물 관리 등)로 파악하기만 하

는 현행 제도보다 불법투기를 방지하는 훨씬 강력한 무기가 됩니다.

독일에서는 산업폐기물을 처분할 경우만이 아니라 리사이클할 경우에도 배출사업자가 관할 자치단체에 신고를 해야 합니다. 또 유해폐기물의 리사이클을 할 경우에는 실제로 시장에 내놓아도 되는 리사이클 제품인지를 사후에 확인받게 되어 있습니다.[85]

위장 리사이클과 재생자원의 산업폐기물화가 횡행하고 있는 현 상황에서 독일과 비슷한 '공공에 의한 처리·리사이클 규제'가 국가적 제도로서 필요하다고 생각됩니다만, 그 선봉으로서 아이치 현의 새로운 제도는 주목받을 만합니다. 얼마만큼 효과적으로 기능할 것인지 앞으로 주목해 가고 싶습니다.

일본에서는 위장 리사이클을 밀어주는 식의 행정이 많기 때문에 '공공에 의한 규제'의 유효성에 의문을 품게 된 자들도 많은지 모릅니다. 그러나 '공공에 의한 규제'를 설정하면 그 '공'(행정)을 통하여 시민이 기업을 감시하는 것이 가능하게 됩니다. 그것은 '공공에 의한 규제'가 없이 '민'(기업)의 자유에 맡겨지는 것보다 훨씬 낫습니다. '공공에 의한 규제'를 설정하기만 할 것이 아니라 '공公'을 시민이 감시함으로써 그것을 실효성 있게 하는 것이 중요합니다.

---

85 아베 신·세키 고헤이, 전게(135쪽) 논문

1. 회수형 리사이클과 확산형 리사이클

최근 병을 반복하여 사용하는 '재사용'(리유즈)과 원료로 가공해 다시 제품을 만드는 '재생이용'(리사이클)을 구별하는 것은 잘 알려지게 되었습니다만, 재생이용 중에도 다양한 재생이용이 있습니다. 그것들을 구별하지 않고 모두를 '리사이클'이라고 부르며 권장해 온 것도 리사이클이 환경오염을 일으키게 된 하나의 요인입니다.

회수형 리사이클

리사이클 중에서도 오염방지 측면에서 우수한 것은, 폐기물이 된 제품으로부터 동일한 제품을 만드는 식의 리사이클입니다. 이 경우에 필요한 에너지는 어찌 되었든 물질의 측면에서는 오염을 일으키지 않습니다. 유리병으로부터 유리병을 만드는 식의 리사이클이 이에 해당합니다.

차선의 리사이클로서는 폐기된 제품으로부터 특정 물질을 추출하여 다시 원료로 사용하는 그런 경우입니다. 전지로부터 중금속을 추출하여 다시 전지 등에 사용하는 식의 리사이클이 이에 해당합니다.

이상의 두 종류의 리사이클을 '회수형 리사이클'이라고 부르기로 합니다.

확산형 리사이클

다른 한편 오염의 측면에서 가장 뒤떨어진 리사이클은 재생제품을 '지면에 접하거나 또는 지중에서 이용하는'(아이치 현, '재생이용 지침') 식의 경우입니다. 재생제품을 토양개량제, 토양보강재, 노반재 등으로 하는 리사이클이 이에 해당합니다.

다음으로 뒤떨어진 것은 재생제품을 '지면에 접하거나 또는 지중에서 이용하는' 것은 아니면서도 일정기간 사용한 후에는 폐기물로서 처분해야 하는 식의 리사이클입니다. 철 스크랩을 원형봉(철근 콘크리트에 넣는 철봉)으로 한다든지, 유리 조각을 골재로 한다든지 하는 리사이클 등이 이에 해당합니다.

이상의 두 종류의 리사이클을 '확산형 리사이클'이라고 부르겠습니다.

오염과 폐기물 감량의 측면에서 보면 회수형 리사이클과 확산형 리사이클은 완전히 다릅니다. 회수형 리사이클에서는 오염을 발생시킬 우려가 적은 데다가 폐기물의 감량으로 연결됩니다. 다른 한편 확산형 리사이클에서는 토양과 지하수 등을 오염시킬 우려가 있는 데다 장기적으로 보면 폐기물을 증가시키고 있는 것이 됩니다.

위장 리사이클을 억제하기 위해서는 양자를 구별하여 회수형 리사이클은 크게 촉진하는 한편, 확산형 리사이클은 억제하여 신중하게 다룰 필요가 있습니다. 플라이 애쉬 시멘트와 용융 슬래그를 노반재로 사용하는 리사이클을 놓고 말한다면, 다이옥신과 유해금속을 시멘트와 노반재에 혼입하기 때문에 환경오염으로 이어질 우려가 있을 뿐 아니라, 수십 년 후 폐기물로 되면 양이 많은 데다 그 중에 함유된 금속을 이용하기가 곤란하게 되고 맙니다.

그러한 확산형 리사이클 대신에 그 중에 함유된 금속을 회수하여 원료로 재생하는 식의 회수형 리사이클을 행하면 유해금속이 유용금속으로 변하여 태어남과 동시에 폐기물도 무해한 물질로 되는 것입니다.

또 비용 면에서 회수형 리사이클이 어려운 경우에는 가능한 한 그대로 처분장 등에 보관해 두면 장차 금속이 고갈됨에 따라 그것이 광산으로 다시 태어나게 되는 것입니다. 최근 '도시광산'[86]이라는 말이 점점 입에 오르내리게 되었습니다만, 도시광산을 만드는 데는 회수형 리사이클 및 보관이 중요한 것입니다.

이렇게 보면 위장 리사이클의 범람에는 '제로 에미션'[87]과 '폐기물 제로' 등의 슬로건도 하나의 요인이 되고 있다고 생각됩니다. 폐기물을 가능한 한 줄이는 것은 좋지만, 그것을 제로로 하는 것을 제1 목표로 내걸면 확산형 리사이클이나, 유해물질을 함유하는 재생제품을 안이하게 인식하는 것으로 연결되는 것입니다. '제로 에미션'보다도 유해물질을 회수하여 유용물질로 변화시킴과 동시

---

[86] 도시광산: 도시 쓰레기가 유용한 자원을 함유하기 때문에 그것을 광산으로 간주한 것

[87] 어느 기업·산업에서 배출되는 폐기물을 다른 기업·산업의 원료로 사용하는 등으로 전체적으로 폐기물을 제로로 하자는 것. 국제연합 대학이 1995년에 제창하여 보급되었다.

에 회수하지 않는 경우에는 가능한 한 격리하여 보관하는 쪽을 선택해야 합니다.

8. 플라스틱 리사이클은 문제투성이

확산형 리사이클과 관련하여 문제가 되는 것은 플라스틱의 재생이용입니다.

플라스틱 리사이클에는 여러 가지 방법이 있습니다만, 다시 플라스틱 제품으로 재생하는 머테리얼[88] 리사이클이 가장 우선시되고 있습니다. 그러나 플라스틱의 머테리얼 리사이클의 다수는 확산형 리사이클이며, 환경오염으로 이어지고 있습니다. 자치단체에서 플라스틱 쓰레기는 귀찮기 짝이 없는 애물단지입니다. 태워도 묻어도 문제가 있기 때문입니다.

플라스틱은 석유화학 제품이기 때문에 그 주성분은 석유와 별로 다르지 않습니다. 그 때문에 플라스틱은 고 칼로리여서 태우면 소각로 안이 고온이 되어 노를 상하게 합니다. 게다가 염화수소와 다이옥신 등의 유해가스를 발생시킵니다. 매립하면 반영구적으로 부패하지 않고 처분장의 수명을 단축시킴과 동시에 부지 이용을 어렵게 합니다. 게다가 부착된 유기물이 메탄가스와 유기산을 발

---

[88] 머테리얼: 물질, 소재의 의미

생시켜서 그중에 함유되어 있는 첨가물(환경호르몬[89] 작용을 가지는 것도 있습니다)이 용출되어 나옵니다.

폐기물 문제를 다루는 시민단체에서는 이전부터 '플라스틱 쓰레기는 리사이클해야' 한다는 주장이 강하여 지금은 행정도 리사이클을 노래 부르게 되었습니다.

플라스틱의 세 가지 리사이클 방법

[표 1]은 플라스틱의 리사이클의 세 방법을 소개한 것입니다.

[표 1] 플라스틱의 리사이클 기법

분류(일본)	리사이클의 기법		유럽에서의 호칭
머테리얼 리사이클 (재료 리사이클)	재생이용 - 플라스틱 원료화 - 플라스틱 제품화		메커니컬 리사이클 (Mechanical Recycle)
케미컬 리사이클	원료·모노머화		피드스톡 리사이클 (Feedstock Recycle)
	고로환원제		
	코크스로 화학원료화		
	가스화	화학원료화	
써말 리사이클 (에너지 회수)	유화	연료화	에너지 리커버리 (Energy Recovery)
	시멘트 킬른 쓰레기 발전 RDF RPF		

---

[89] 환경호르몬: 화학물질 가운데 생체에 호르몬과 마찬가지의 작용을 일으킨다든지 거꾸로 호르몬의 작용을 저해한다든지 하는 것

● **머테리얼 리사이클** — 소재의 리사이클로서 다시 플라스틱 제품으로 만드는 방법입니다.

● **케미컬 리사이클** — 화학적인 리사이클로서 가스화, 유화, 고로 환원[90], 코크스로 화학원료화[91] 등이 있습니다. 고로환원과 코크스로 화학원료화는 둘 다 철강업에서의 리사이클입니다.

● **써말 리사이클** — 태워서 열에너지로서 이용하는 방법으로서 쓰레기 발전과 RDF[92], RPF[93]가 있습니다.

세 가지 리사이클의 우선순위는 리사이클의 일반적 우선순위에 기초하고 또 순환형사회형성 추진 기본법에서 정해진 ① 발생억제(리듀스), ② 재사용(리유즈), ③ 재생이용(머테리얼 리사이클) ④ 열회수(써말 리사이클) ⑤ 적정처분'이라는 우선순위에 기초하여 머테리얼 리사이클이 최우선, 다음으로 케미컬 리사이클, 끝으로 써말 리사이클로 되어 있습니다.

'용기포장리사이클법'에 기초한 플라스틱 포장 용기 리사이클에 있어서도 머테리얼 리사이클 우선의 구조로 설정되어 있습니다.

---

[90] 고로환원: 철광석(산화철)과 코크스로부터 철을 생산하는데, 이때 코크스는 연료로서뿐만 아니라 산화철로부터 산소를 빼앗는 환원제로서의 작용을 한다. 플라스틱의 고로환원이란 플라스틱을 코크스와 마찬가지로 연료 및 환원제로서 철의 생산에 이용하는 것

[91] 코크스로 화학원료화: 플라스틱을 석탄과 함께 제철소의 코크스로에 투입하여 쪄서 코크스와 탄화수소유와 코크스 가스를 생성시키는 이용법. 코크스는 제철에, 탄화수소유는 화학연료로, 코크스로 가스는 발전에 각각 이용할 수 있기 때문에 케미컬 리사이클 중에서도 가장 비용이 저렴한 기법이다.

[92] RDF: Refuse Derived Fuel 음식물쓰레기와 가연 쓰레기, 폐플라스틱 등으로부터 만들어지는 고형연료

[93] RPF: Refuse Paper & Plastic Fuel: 폐지와 폐플라스틱류를 원료로 한 고칼로리의 고형연료

이 법에서는 사업자(내용물 메이커 및 겉포장 메이커)로부터 위탁요금을 받은 일본용기포장리사이클협회가 입찰을 행하여 그 낙찰업자가 시군구에 보관된 포장 용기를 인수하여 리사이클하게 되어 있습니다만, 입찰은 통상적으로는 경쟁입찰로 행해져서 가장 낮은 단가를 제시한 업자가 낙찰하면서도 플라스틱 포장 용기에 관해서만큼은 머테리얼 우선의 원칙에 기초하여 머테리얼 리사이클을 행하는 업자가 우선시되는 것입니다.

즉 복수의 리사이클업자가 입찰한 경우, 그 중에 머테리얼 리사이클업자가 있으면, 우선 머테리얼 리사이클업자 사이에 낮은 단가를 제시한 순으로 낙찰이 되고 머테리얼 리사이클업자에 의해 낙찰되지 않은 부분이 남은 경우 비로소 케미컬 리사이클업자가 낮은 단가를 제시한 순서로 낙찰해 간다는 구조인 것입니다.

이러한 머테리얼 리사이클 우선의 구조이기 때문에 [표 2]에서 보듯이 머테리얼 리사이클의 비율이 매년 증가하고 있습니다.

[표 2] 플라스틱 포장 용기 재제품화 기법별 낙찰량의 구성비 추이

연도	0	1	2	3	4	5	6	7
재료(%)	20.3	14.8	19.2	23.9	24.6	33	48.2	51.5
유화(%)	10.5	9.6	6.6	3.3	3.3	2.5	1.4	1.5
고로환원(%)	42.2	31.6	23.7	24.2	19.7	11.6	8.9	7.4
코크스로(%)	22	36	42	34.4	34.8	34	30.5	26.4
가스화(%)	5	8	8.4	14.3	18.3	19	11.1	13.3
재상품화(톤)	104,165	233,312	268,944	364,733	466,991	574,657	592,379	629,323

출전: 일본용기포장리사이클협회 홈페이지

[표 3] 플라스틱 포장 용기의 재제품화 기법별 낙찰단가(가중평균)의 추이

단위: 엔/톤

	0	1	2	3	4	5	6	7
머테리얼 리사이클	110,600	105,800	106,400	105,500	107,100	108,800	100,400	89,200
케미컬 리사이클	94,200	88,500	81,500	76,700	74,200	73,000	69,000	62,800

출전: 일본용·기포장리사이클협회 홈페이지

또 머테리얼 리사이클 업자는 머테리얼 리사이클 우선 원칙 덕분으로 비용이 높아도 낙찰받는 것이 가능하며 [표 3]에서 보듯이 머테리얼 리사이클업자의 낙찰단가는 케미컬 리사이클업자의 낙찰단가보다 톤당 약 3만 엔이나 높게 되어 있습니다.

■ 머테리얼 리사이클 우선 정책은 괜찮은가

과연 머테리얼 리사이클 우선 정책은 괜찮은 것일까요?

플라스틱의 머테리얼 리사이클은 발포 스티로폴의 리사이클처럼 단일 소재의 플라스틱 제품을 회수하여 동일한 재생제품을 만드는 회수형 리사이클의 경우에는 그다지 문제는 없습니다. 그러나 질이 다른 플라스틱 제품의 혼합물을 머테리얼 리사이클하는 것에는 세 가지의 큰 문제점이 있습니다.

첫째, 특정한 용도에 적합한 양질의 재생제품을 만들지 못한다는 점입니다.

플라스틱은 대단히 많은 작은 분자(모노머)가 결합해서 만들어

진 화합물입니다. 모노머가 두 개 이상 결합하여 분자량이 큰 화합물을 만드는 반응을 중합이라고 하며, 중합에 의해 만들어진 화합물을 폴리머(중합체), 폴리머를 구성하는 모노머의 수를 중합도라고 합니다.

예를 들어서 폴리에틸렌의 경우 에틸렌이 모노머, 폴리에틸렌이 폴리머이며, 폴리에틸렌은 에틸렌을 중합시켜 만드는 것입니다. 폴리머의 중합도는 일정한 값이 아니며 폴리머는 다양한 중합도의 분자로 이루어진 혼합물로 되어 있습니다. 예를 들어서 폴리에틸렌의 경우 하나의 폴리에틸렌 제품 중에 여러 가지 중합도의 폴리에틸렌을 다양한 정도로 함유하고 있습니다. 어떤 중합도를 어느 정도 포함하는가를 보여주는 분포를 '중합도분포'라고 부르며, 한마디로 폴리에틸렌이라고 해도 각각의 특정 용도에 맞는 다양한 중합도분포를 가지는 것입니다.

따라서 중합도분포가 같은 폴리에틸렌만을 모아서 재생하면 상관없지만, 중합도분포가 다른 폴리에틸렌을 한데 섞어 재생한다고 해서 특정한 용도에 맞는 중합도분포의 재생 폴리에틸렌이 만들어지는 것은 아닙니다. 다른 플라스틱도 마찬가지입니다.

둘째, 첨가물의 관점에서도 특정한 용도에 적합한 재생제품을 만들지 못하는 것입니다.

플라스틱에는 각종 첨가물이 가해져 있습니다. 햇볕에 의한 열화를 막기 위한 안정제라든지 산화방지제, 착색제, 발포제 등이며, 염화비닐의 경우에는 게다가 소성과 유연성을 갖게 하기 위한 가

소제가 첨가되어 있습니다. 더해진 첨가물의 종류와 양도 용도와 기능에 따라 다양합니다. 게다가 시간의 경과와 함께 첨가물은 휘발·용출 등에 의해 플라스틱으로부터 빠져나갑니다. 플라스틱이 다년간 서서히 경취硬脆되어 가는 것은 그 때문입니다. 따라서 첨가물이 같은 플라스틱만을 모아 재생하면 상관없지만, 첨가물이 다를 뿐만 아니라 신제품 때보다도 소량의 첨가물밖에 함유하지 않은 각종 플라스틱을 섞어서 재생한다고 해서 특정한 용도에 적합한 재생 플라스틱이 만들어질 수는 없습니다.

첫 번째와 두 번째의 이유로 플라스틱 혼합물로 만드는 재생제품은, 질이 나쁜 플라스틱으로도 지장을 일으키지 않고, 표면이 햇볕에 의한 열화가 진행되어도 상관이 없는 덩어리 모양의 것(식물재배용 용기와 벤치와 말뚝 등)으로 한정됩니다. 즉 회수형 리사이클은 불가능하며, 확산형 리사이클밖에 안 되는 것입니다.

셋째, 혼합 플라스틱의 머테리얼 리사이클은 환경오염을 일으킵니다.

혼합 플라스틱의 머테리얼 리사이클은 재생제품이 옥외 내지 지중에서 사용된다든지 사용 후에 폐기물 처분장으로 운송된다든지 하는 확산형 리사이클이며, 소비과정에서 혹은 처분장에서 폐기된 후, 첨가물의 휘발·용출을 통해서 환경오염으로 이어집니다.

도쿄도 스기나미 구의 불연 쓰레기 중계소 주변에서 발생한 스기나미병[94]은 폐플라스틱의 마찰과·압축 과정에서 발생한 화학물질이 원인이라고 알려져 있습니다만, 플라스틱의 확산형 리사이클에서도 비슷한 일이 일어날 우려가 있습니다.

■ 머테리얼 리사이클보다도 고로환원이 낫다

시민운동에서는 플라스틱의 소각이나 매립 모두가, '환경오염을 초래한다'는 이유에서 문제 있는 것으로 인식되어, '플라스틱 쓰레기는 리사이클해야' 할 것으로 되어 있습니다만, 사실상 혼합 플라스틱의 머테리얼 리사이클은 재생제품이 어디서 어떻게 사용되는지를 파악할 수 없으며 오염의 우려가 있는 장소를 특정할 수 없기 때문에 그것을 특정할 수 있는 소각이나 매립보다도 훨씬 환경오염으로 이어질 위험성은 큰 것입니다.

최종처분장에서 플라스틱 폐기물로부터 첨가제가 용출되는 것도 문제입니다만, 그 경우에는 처분장 주변의 지하수를 점검함으로써 오염을 감시할 수 있습니다. 그 반대로 플라스틱 재생제품의 경우에는 그것이 어디서 사용되는지 알 수 없기 때문에 오염의 감시가 불가능합니다.

이처럼 머테리얼 리사이클의 종류에 따라서는 특정한 용도에

---

94 스기나미병: 도쿄도 스기나미 구의 불연 쓰레기 중계 시설 '스기나미 중계소' 주변에서 발생한 건강피해. 증상은 호흡기계 · 눈 · 피부 등 많은 장기에 걸치며, 호흡곤란이 되어 입원을 어쩔 수 없이 하게 된다는 중증례도 있다. 스기나미 중계소는 수집한 불연 쓰레기를 고토 구의 처리 시설로 운반할 때에 압축 · 환적을 행하기 위해 건설된 것으로 1996년의 조업개시 이후 부근에서 이상한 냄새와 주민의 체조불량(體調不良)이 많이 발생했다. 주민의 신청에 의해 공해 등 조정위원회가 2002년 피해의 원인은 스기나미 중계속의 조업에 수반하여 배출된 화학물질이라는 취지의 재정(裁定)을 행하여 도(都)는 손해배상을 행하고 있는데, 건강피해는 계속되고 있다. 또, 오사카부 네야가와시에서도 2005년 이래 비슷한 피해가 일어나고 있다.

적합함이 없는, 질적으로 저급화된 재생제품이 만들어지는 데다가 환경오염까지 초래하는 것입니다. 그 밖에도 머테리얼 리사이클의 비용은 앞에서 본 [표 3]에서 알 수 있듯이 케미컬 리사이클보다도 훨씬 고비용입니다.

현행의 머테리얼 리사이클 우선 방침은 저품질의 재생제품을 만드는 데다 환경오염을 초래하는 식의 일을 일부러 높은 비용을 들여 권장하고 있는 셈이 되는 것입니다.

그럼 플라스틱의 리사이클은 어떻게 하면 되겠습니까?

케미컬 리사이클, 그중에서도 고로환원에 대해서는 시민의 반대가 그다지 크지는 않습니다. 고로환원은 철강업에서 철광석에 함유된 산소를 제거하기 위한 환원재로서 통상적으로 사용되고 있는 코크스를 대신하여 플라스틱을 사용하는 기법입니다. 그러나 사실 반응식에서는 고로환원은 플라스틱 소각과 같은 것입니다.

코크스의 성분은 탄소입니다. 철광석(산화철)에 함유된 산소는 탄소와 반응하여 이산화탄소가 되며, 그것에 의해 산화철로부터 산소가 제거되고 있습니다. 다른 한편 플라스틱에는 탄소만이 아니라 수소도 포함되어 있습니다. 그 때문에 철광석에 함유된 산소는 플라스틱과 반응하여 이산화탄소와 수증기가 되어 그에 의해 산화철로부터 산소가 제거되어 철이 됩니다. 이는 철광석으로 보면 그중에 함유되어 있는 산소가 제거되어 철이 되기 때문에 확실히 환원반응입니다. 그러나 코크스와 플라스틱 쪽에서 보면 산소

와 반응하여 이산화탄소와 수증기가 되는 것이기 때문에 소각반응에 지나지 않습니다.[95]

실제로는 고로환원에서는 소각장에서의 플라스틱 소각에 비하여 환경오염의 위험성은 훨씬 적게 됩니다. 왜냐하면 소각장은 다종다양한 쓰레기가 반입됨으로써 복잡한 반응이 일어나는 화학반응 공정으로 변하고 있는 데 반하여 고로환원에서는 플라스틱만이 소각되기 때문입니다.

따라서 소각반응이라고 해서 환경오염으로 이어질 위험성도 머테리얼 리사이클보다 작고 게다가 오염의 발생장소가 고로라는 특정한 장소에 한정되어 감시가 가능하기 때문에 오염의 측면에서도 머테리얼 리사이클보다 나은 것입니다.

다른 케미컬 리사이클 기법도 마찬가지로 오염의 발생장소가 특정한 장소에 한정되어 감시가 가능하기 때문에 오염의 측면에서는 머테리얼 리사이클보다 낫습니다. 그중에서도 코크스로의 화학원료화는 플라스틱을 코크스로 가운데서 찌기 때문에 오염을 초래할 위험성은 작다고 할 수 있습니다.

---

[95] 필자는 플라스틱처리촉진협회에서 '소각반응인데 어찌하여 고로환원이라고 부르는가' 하고 질문한 일이 있는데, '소각이라고 부르면 시민의 거부반응을 일으키기 때문'이라는 회답이었다.

9. '확대생산자 책임'에 기초한 플라스틱의 케미컬 리사이클

플라스틱 리사이클을 추진하는 데서 중요한 것은 기술적인 기법만이 아니라 비용부담의 구조를 묻는 것입니다. '확대생산자 책임'을 묻고 비용을 플라스틱 제품의 생산자에게 부담시키면 생산자는 처리와 리사이클을 고려해서 생산물을 만들기 때문에 리사이클 비용이 낮아지는 데다가 플라스틱의 생산량·폐기량이 줄어드는 것입니다.

'확대생산자 책임'을 묻기 위해서는 사전 과정으로 분리선별이 없어서는 안 됩니다. 다른 한편 소각장에서의 플라스틱 소각은 혼합수집을 전제로 하고 있으며, 플라스틱 분리선별을 필요로 하지 않습니다. 최근 경단련과 환경성이 '플라스틱 소각'을 소리 높여 외치고 있는 것은 앞에서도 서술한 바와 같이 플라스틱의 분리선별의 회피, 나아가서는 '확대생산자 책임'의 회피를 목표로 한 움직임입니다.

'확대생산자 책임'을 실현하기 위해서도 '혼합수집에 기초한 소각장에서의 플라스틱 소각'이 아닌, '분리수집·확대생산자 책임에 기초한 플라스틱의 케미컬 리사이클'을 추구할 필요가 있습니다.

현재 플라스틱 포장 용기는 '용기포장리사이클법'에 기초하여 리사이클되는 한편, 포장 용기 이외의 플라스틱은, 일반폐기물은 시군구에 의해, 산업폐기물은 사업자에 의해 각각 처리되고 있습니다.

그러나 이것은 대단히 쓸데없는 일입니다. 전체적으로 볼 때 합리적인 방법은 용도와 발생원에 따라 구별하는 것이 아니라, 재질에 따라 구별하는 방법이며, 플라스틱이라면 포장용기인지 아닌지에 상관없이, 또 일반폐기물인지 산업폐기물인지도 상관없이 리사이클하는 그런 구조를 만드는 것이 필요합니다.

제 9 장

일본의 러시아폰 행정은

어디가

잘못되었는가

1. 리사이클은 누가 책임지는가

자원 집어가기는 비난받아야 하는가

리사이클은 경제행위이기 때문에 기본적으로는 민간이 담당합니다. 일본은 에도시대에 쇄국상태에 있었기 때문에 각종 자원회수업이 발달하여 리사이클을 지탱해 왔습니다. 다른 한편 최근 행정이 자원회수를 담당하여 이것이 행정 리사이클로 출발하게 되었습니다.

행정 리사이클의 보급에 수반하여 회수업자가 자원집하소로부터 재생자원을 집어가는 행위가 발생하게 되었습니다. 자원을 집어가는 행위를 둘러싸고 논의와 분쟁이 일어나며, 그중에는 소송에 이르는 사례도 나타나게 되었습니다. 자원 집어가기에 대하여 '안정된 리사이클은 아니다', '돈이 되는 것만 집어간다'는 등의 비판이 제기되고 있습니다. 그러나 자원 집어가기 행위를 평가하는 데는 민간 리사이클과 행정 리사이클의 관계를 근거로 할 필요가 있으며, 또 원래 리사이클은 누가 책임질 것인가에 관한 고찰이 필요합니다.

행정 리사이클에 의한 민간 산업 압박

리사이클은 생산과정과 소비과정으로부터 배출되는 폐기물을 회수, 그것을 재생자원으로 하여 재생제품을 생산하는 경제행위입니다. 그 때문에 그것을 담당하는 주체는 통상적으로 민간업자·기업이며, 재생자원의 회수·유통 및 재생제품의 생산과정 모두를 기본적으로는 민간이 담당하고 있습니다.

리사이클이 민간 회수업자에 의해서만 담당되고 있는 경우에는 재생자원의 수요와 공급이 균형을 이룸으로써 균형가격 P0가 성립합니다([그림 1]).

[그림 1] 수요와 공급의 균형

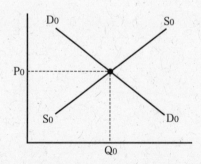

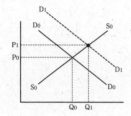

[그림 2] 수요가 증가한 경우(단기)

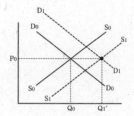

[그림 3] 수요가 증가한 경우(장기)

　수출상대가 생기는 등 어떤 요인으로 수요가 증가한 경우에는 단기적으로는 가격이 P1으로 올라갑니다([그림 2])만, 거기서 다수의 업자가 진입해 들어와서 공급량이 증가함으로써 장기적으로는 다시 P0로 돌아옵니다([그림 3]).

　다른 한편 수요가 감소한 경우에는 단기적으로는 가격이 낮아집니다만, 거기로부터 다수의 업자가 철수하여 공급량이 감소함으로써 장기적으로는 다시 P0으로 돌아옵니다.

　즉 리사이클이 민간에 의해 담당되고 있는 경우에는 수요의 변동에 따라 공급량이 조정되어 그에 의해 장기적 균형이 얻어지게 됩니다. 예를 들면 폐지가격이 올라가면 휴지교환이 늘어나고, 낮아지면 휴지교환이 감소하는 현상에서 실감할 수 있습니다. 그렇다면 민간 리사이클에 의해 균형이 성립되고 있는 곳에 행정 리사이클이 들어오면 어떻게 되겠습니까?

　행정 리사이클은 세금부담에 의해 채산성을 무시하고 공급되기 때문에 그 공급곡선은 세로축에 평행합니다. 행정 리사이클에 의

[그림 4] 행정 리사이클이 들어온
　　　　경우(단기)

[그림 5] 행정 리사이클이 들어온
　　　　경우(장기)

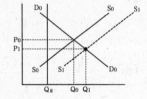

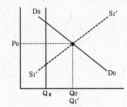

해 Qg가 공급되면 단기적으로는 공급곡선이 그만큼(Qg) 오른쪽
으로 이동하여 재생자원의 가격이 P1로 낮아집니다([그림 4]). 그
때문에 조업할 수 없게 되는 민간 회수업자가 속출하여 시장으로
부터 철수해 갑니다.

　그 결과 공급량은 점점 감소하고, 그와 동시에 가격도 점차 상
승해 가기 때문에 장기적으로는 원래의 균형가격 P0와 균형공급
량 Q0로 돌아옵니다([그림 5]).

　그러나 그때 행정 리사이클은 채산성을 도외시하고 행해지고 있
기 때문에 공급량은 감소하지 않습니다. 공급량이 감소하는 것은
민간 리사이클뿐입니다. 그 때문에 민간 리사이클에 의한 공급량
은 행정 리사이클에 의한 공급량 부분(Qg)만큼 감소하여 Q0-Qg
가 됩니다. 즉 행정 리사이클이 민간사업을 압박하는 것입니다.[96]

---

[96]　행정 리사이클이 민간사업 압박: 보다 상세한 경제분석에 관해서는 졸고 '행정 리사이클과 민간 리사

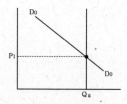

[그림 6] 행정 리사이클만으로 된 경우

행정 리사이클은 민간 리사이클보다 훨씬 높은 비용이 듭니다만, 세금으로 충당하고 있고 또 '가격에 상관하지 않는 안정된 리사이클', '사명으로서의 리사이클' 등의 명분으로 비용을 전혀 개의치 않고, 공급량을 더욱 늘려나가고 있습니다

행정 리사이클이 한층 더 진행되면, 결국에는 공급량 전체를 행정 리사이클이 담당하게 되고 말아서 민간 회수업자가 괴멸합니다. 그래서 행정 리사이클의 양이 증가하면 증가하는 만큼 재생자원의 가격이 낮아져 감과 동시에 세금부담이 무거워져 갑니다([그림 6]).

결국 행정 리사이클을 덮어놓고 추진하는 것은 민간 리사이클업을 압박하고 괴멸로 몰아넣음과 동시에 세금부담을 무겁게 합니다. 좋아하는 것은 재생자원을 저렴하게 구입할 수 있는 최종

이클에 관하여 생각한다'(월간 "폐기물" 2006년 8　9월호 수록) 참조

사용자(제지회사 등)이며, 세금을 최종 사용자에게 퍼붓는 결과가 되는 것입니다. 따라서 민간업체 압박의 관점에서도 세금 낭비의 관점에서도 리사이클은 가능한 한 민간 리사이클업체에 맡기는 것이 좋은 것입니다.

자원 집어가기에 대한 '안정된 리사이클은 아니다', '돈이 되는 것만 집어간다'는 등의 비판은 표면적 현상에 미혹된 비판에 지나지 않습니다. '돈이 되는 것만 집어간다'는 것은 리사이클이 경제행위인 이상은 당연한 것이며, 남은 것은 폐기물로 처리하면 됩니다.

'안정된 리사이클은 아니다'는 것도 경제행위인 이상은 당연한 것이며, 거꾸로 행정 리사이클이 시장가격에 좌우되지 않는 '안정된 리사이클'이라는 것이야말로 민간사업을 압박하고 세금을 낭비하는 것으로 이어지고 마는 것입니다.

민간 리사이클을 지원하는 식의 정책적 개입

그렇다면 리사이클에는 행정의 개입은 전혀 필요 없는 것일까요?

그런 것은 아닙니다. 1990년대 이후 순환형사회 만들기와 지속적 사회 만들기가 유럽을 중심으로 추진되고 있는 것도 시장에 맡기는 것만으로는 리사이클이 불충분하므로 정책적 개입에 의해 그 이상의 리사이클을 실현할 필요가 있기 때문입니다. 현대에 있어서는 리사이클을 시장에 맡기는 것만으로는 불충분하며 시장에 뭔가의 정책적 개입을 하는 것이 필요하게 되어 있는 것입니다.

리사이클에 대한 정책적 개입은 필요한 것이지만, 행정 리사이클을 추진하는 식의 개입을 하면 민간 리사이클을 압박합니다. 그러나 정책적 개입이 언제나 민간 리사이클을 압박하는 것만은 아닙니다. 다음의 ①~⑤와 같이 리사이클양을 증가시키고 민간 리사이클을 지원하고 촉진하는 그런 개입의 방식도 존재합니다.

① **신자원에 과세한다** ― 수입자원을 포함하여 새로운 자원투입에 과세하도록 하면 신자원과 재생자원의 관계에서 재생자원이 우위에 서게 되어 리사이클이 촉진된다.

② **재생자원에 보조금을 준다** ― 재생자원에 보조금을 주면, 신자원과 재생자원의 관계에서 재생자원이 우위에 서게 되어 리사이클이 촉진된다. ①과 조합시켜 신자원에 대한 과세에 의한 세수를 재원으로 재생자원에 보조금을 주면 효과는 두 배로 된다.

③ **산업계에 일정비율 이상의 리사이클 의무를 부여한다** ― 법령 등으로 산업계에 일정률 이상의 리사이클을 의무로 하도록 하면 시장에만 맡길 경우 이상으로 리사이클이 촉진된다.

④ **재생제품의 구입·사용을 촉진한다** ― 재생제품의 구입·사용을 촉진하면 재생자원의 수요가 증가하여 리사이클양이 증가한다.

⑤ **집단회수의 촉진** ― 아파트와 마을회관 등을 단위로 모아진 재생자원을 민간회수업자가 회수하는 '집단회수'를 촉진한다.

필요한 행정 개입은 이러한 민간 리사이클을 지원하고 촉진하는 그런 개입입니다.

아라카와 구에서의 행정 리사이클과 민간 리사이클

행정 리사이클이 민간사업을 압박하는 이상, 행정은 행정 리사이클의 일방적 확대를 꾀할 것이 아니라 오히려 행정 리사이클의 결함을 인식하고, 민간 리사이클의 활용과 민간 리사이클로의 이행을 최대한 추구해야 합니다.

그 점에서 도쿄도 아라카와 구에서의 행정 리사이클과 민간 리사이클의 관계는 크게 참고가 됩니다.

아라카와 구는 '아라카와구청소심의회답신'(2002년 3월)에 기초하여 행정 리사이클을 점차 축소하고 점차 집단회수로 이행해 간다는 방침을 채택하고 있습니다. 답신은 집단회수와 행정회수의 관계에 관하여 다음과 같이 서술하고 있습니다.

'본래는 사업자 책임에 기초한 리사이클과 구민의 자주적인 리사이클을 추진해 가는 것이 바람직하지만 유리병·철-캔처럼 자원으로의 가치는 있으나 시장의 회수 시스템으로는 회수에 한계가 있는 그런 경우 행정이 직접 관여하는 리사이클이 필요해진다. 그러나 이는 사업자 책임에 기초한 리사이클과 집단회수가 자원순환형사회 속에서 정착하기까지 그 사이의 보완적인 리사이클로서 자리매김되어야 하는 것이며, 폐지·알루미늄 캔 등 집단회수와 행정회수가 겹

치는 품목에 관해서는 집단회수로 옮겨가는 것이 바람직하다. 더욱이 집단회수 방식의 장점을 보다 많이 살리기 위해 회수 품목의 확대 등도 행해져야 한다. 그리고 장래에는 집단회수와 행정회수를 겸한 효율적인 집단회수 시스템을 검토해 갈 필요가 있다. 또 그때에는 시범사업을 실시하여 충분히 검증함과 아울러 구 내 재생자원사업자의 활용 등 경비를 줄일 방법 등에 관해서도 검토해야 한다.'

이 답신에 기초하여 '행정 리사이클을 점차 민간 리사이클로 이전시켜 간다'는 방침 하에 2003년 1월부터 집단회수 시범사업이 시작되었습니다. 집단회수 시범사업은 구가 행하고 있는 행정회수를 정지하고 마을회관을 단위로 한 집단회수에 의해 자원의 회수를 행하는 사업입니다. 각 마을회관은 자주적으로 민간회수업자와 계약을 맺어 민간회수업자에게 회수를 시킵니다.

알루미늄 캔·신문지는 안정적으로 매각할 수 있어서 아파트-사친회 등의 일반단체와 마을회관이 구 밖의 회수업자를 포함한 민간회수업자와 계약을 맺어 매각합니다. 다른 한편 잡지·골판지, 병·철제 캔은 시황에 따라 폐기물이 될 우려도 있고 회수되지 않은 채 남으면 구가 곤란하기 때문에 남지 않도록 마을회관이 계약을 맺은 회수업자(마을회관은 병·캔은 아라카와 구 리사이클사업협동조합과 잡지·골판지는 이 조합의 조합원인 회수업자와 계약을 맺는다)에게 보조금을 주고 있습니다.

보조금의 액수는 잡지는 시장가격이 5엔/kg 미만인 경우에 5

엔/kg과의 차액, 골판지는 정액 1엔/kg, 병·철제 캔은 수집운반·
자원화비로서 약 70엔/kg으로 설정되어 있습니다. 일반단체와 마
을회관에는 장려금으로서 전 품목에 일률적으로 6엔/kg을 지급하
는 외에 일반단체에게는 소모품(목장갑·고무장갑)을, 마을회관에는
시범회수 지원금을 지급하고 있습니다.

행정회수를 멈추고 집단회수로 교체하는 시범사업은 2003년 1
월 당시 다섯 개 마을회관에서 시작했습니다. 행정회수는 주 1회
로 약 20세대에 1개소의 집하소인데 비하여 집단회수는 월 2회
로 약 60세대에 1개소이기 때문에 시민으로부터의 진정陳情이 걱
정되었습니다만, 의외로 잘 진행되었습니다. 수거 횟수와 장소
문제가 불편하게 되는 데도 수고스러움은 그다지 차이가 없다고
하여 불만은 적었고, 한편 그때까지는 행정회수와 집단회수의 두
방식이 중복되었기 때문에 어디에 내놓아야 할지 헷갈리는 일이
있었으나 집단회수로 통일됨으로써 '알기 쉽게 되었다'는 호평이
었습니다.

그 때문에 시범사업을 점차 확대하여 2006년 4월에 구 내의
117개 마을회관 중에 76개 마을회관이 실시하고 있던 것이 2006
년 6월에는 81개 마을회관이 되고, 2008년 4월에는 1개 마을회관
을 제외하고 116개 마을회관에서 실시되고 있습니다. 자원 집어
가기는 행정회수 때는 거의 신문지를 집어 가던 것이었습니다만,
집단회수로 이행하는 가운데서 집어가기가 없어져서 시민으로부
터의 진정도 없어졌습니다.

집단회수로 이행할 때에는 처음 1~2개월은 자원을 내놓는 사람과 집어가기 대책으로 지키는 사람이 서 있었지만, 그 후는 지키는 사람이 있을 필요가 없어졌습니다. 행정회수에서는 적당히 내놓는 사람이 많았습니다만, 집단회수로 이행하면서 잘 정리해서 내놓는 사람으로 변했다는 것입니다. 월 2회의 집단회수는 차를 마셔가면서 담소할 기회가 되고 있어 지역의 의사소통 활성화에도 도움이 되고 있습니다.

[표 1]은 아라카와 구에서의 행정 리사이클의 종류별 수량, 수입지출(헤이세이 16년도 실적)입니다. 또 다음 쪽의 [표 2]는 집단회수의 종류별 수량, 회수업자에 대한 보조금과 아울러 일반단체·마을회관에의 보조금(헤이세이 16년도 실적)입니다.

[표 1] 아라카와 구에서의 행정 리사이클의 종류별 수량 및 수지(헤이세이 16년 실적)

종류	수량(t)	수입(천 엔)	지출(천 엔)
폐지	2,074		
병	988	11,291	
캔	331		194,123
페트병	264	—	
백색 트레이	3	—	
합계	3,660	11,291	194,123

출전: 아라카와 구 청소 리사이클과
주: 아라카와 구의 인구는 191,278명(헤이세이 17년 10월 1일)

[표 2] 아라카와 구에서의 집단회수의 종류별 수량 및 회수업자에 대한 보조금 및 일반단체 마을회관에의 장려금(헤이세이 16년 실적)

종류	수량(t)	회수보조금·장려금(천 엔)
폐지	6,761	
병	512	104,079
캔	299	
직물류	44	
합계	7,616	104,079

출전: 아라카와 구 청소 리사이클과
주: 아라카와 구의 인구는 191,278명(헤이세이 17년 10월 1일)

행정 리사이클에서는 합계 3,660톤의 회수에 약 1억 8,283만 엔 (수입-지출)의 세금을 쏟아 부은 데 비하여(톤당 4만 9,954엔) 집단 회수에서는 계 7,616톤의 회수에 약 1억 408만 엔의 세금(톤당 1만3,666엔)으로 끝나고 있습니다. 아라카와 구가 채택하고 있는 '행정 리사이클을 점차로 민간 리사이클로 이동시킨다'는 방침은 세금절약에도 크게 가여하고 있는 것입니다.

세타가야 구에서의 행정 리사이클과 민간 리사이클

다른 한편 세타가야 구의 방침은 아라카와 구와 정반대입니다. 세타가야 구는 조례로 자원 집어가기 행위에 대한 벌칙을 정하여 자원 집어가기 행위를 범죄시하고 있습니다.

세타가야 구 청소·리사이클 조례는 다음과 같은 내용입니다.

① 폐지, 병, 캔 등 재이용 대상으로 되는 것을 자원·쓰레기 집

하소로부터 가져가는 행위를 금지

②①의 위반자에 대하여 가져가지 못하도록 명령할 수 있다.

③②의 행정명령 시에 변명의 기회를 부여하지 않는다.

④②의 행정명령 위반자에 대하여 20만 엔 이하의 벌금을 부과한다.

행정이 사적 권리에 제한을 가한다든지 침해한다든지 할 경우에는 공공 목적에 기초하지 않으면 안 됩니다만, 세타가야 구는 '시황에 좌우되지 않는 안정된 리사이클'을 가능하게 하는 것이 행정개입의 근거가 되는 공공목적이라고 생각하고 있습니다.

세타가야 구는 '시황에 좌우되지 않는 안정된 리사이클'을 진행하는 것을 지상목적으로 하여 사명감까지 가지고 노력하고 있습니다. 그런 인식에서 자원 집어가기에 대하여 그것을 범죄시하고 위반자를 어떻게 처벌할 것인가 하는 자세로 임하고 있습니다. 거기에는 행정 리사이클이 민간 리사이클을 압박하여 회수업자의 권리를 침해하고 있다는 인식이 전적으로 결여되어 있습니다.

행정 리사이클이 민간 리사이클을 압박하는 것은 압박하는 측인 행정에게는 눈에 보이는 것도 피부에 느껴지는 것도 아닙니다. 그것은 앞에서 보여드린 그림 ①~⑥에서 보여준 바와 같은 구조적인 고찰을 거치지 않으면 인식되지 않습니다. 그래서 행정 리사이클을 지원하는 선의와 사명감이 강하면 강한 만큼 그것이 민간 리사이클을 압박하고 있는 구조를 보기 어렵게 됩니다.

그러나 행정 리사이클을 덮어놓고 추진하는 것은 물리적 폭력은 아니지만 구조적 폭력이며, 민간 회수업자에게는 사활이 걸린 문제가 됩니다. 이 구조적 폭력은 압박을 받는 측인 민간회수업자에게는 구조적인 고찰을 거치지 않아도 생활이 위협받는 것 때문에 직접 피부에 닿는 고통으로 느껴집니다. 게다가 행정 리사이클을 추진하는 것은 막대한 세금의 낭비를 초래합니다.

헤이세이 15년도의 세타가야 구 행정 리사이클의 자원회수량 및 경비는 "세타가야 구 청소·리사이클 사업개요 2005"(헤이세이 17년 9월)에 따르면 다음의 [표 3]과 같습니다. 다른 한편 세타가야 구에서의 집단회수에는 자원회수 실적 1kg당 6엔(헤이세이 14년도부터 일부 품목에는 1kg당 10엔)의 지원금이 지불되고 있습니다만, 헤이세이 15년도의 집단회수량 및 경비(지원금)는 [표 4]와 같습니다.

행정 리사이클의 경비는 [표 3]에 따르면, 톤당 2만 4,473엔, 집단회수의 경비는 [표 4]에 따르면, 톤당 9,648엔이며, 세타가야 구

[표 3] 세타가야 구에서의 행정 리사이클의 종류별 수량 및 경비(헤이세이 15년도)

종류	수량(톤)	회수보조금·장려금(천 엔)
폐지	32,523	
병	7,262	1,033,264
캔	2,437	
합계	42,221	1,033,264

출전: "세타가야 구 청소·리사이클 사업개요 2005"(헤이세이 17년 9월)
주: 세타가야 구의 인구는 804,847명(헤이세이 16년 9월 1일)

[표 4] 세타가야 구에서의 집단회수의 종류별 수량 및 경비(헤이세이 15년도)

종류	수량(톤)	경비 (천 엔)
폐지	5,098	
병	2	
캔	78	51,783
직물류	189	
합계	5,367	51,783

출전: "세타가야 구 청소·리사이클 사업개요 2005"(헤이세이 17년 9월)
주: 세타가야 구의 인구는 804,847명(헤이세이 16년 9월 1일)

에서도 행정 리사이클로부터 민간 리사이클로의 이행을 추진하면 막대한 세금을 절약할 수 있습니다.

자원 집어가기를 규제하는 근거에 관한 세타가야 구의 주장은 다음과 같이 어느 것도 근거가 될 수 없습니다.

주장 1: 휴지 교환은 자유이다

세타가야 구는 '민간회수업자는 휴지교환은 자유로 할 수 있다'고 주장합니다. 그러나 행정 리사이클이 시작되면 종래는 휴지교환에 내놓던 폐지의 다수가 행정 리사이클에 내놓아지게 되는 데다가 앞에서 보았던 [그림 4]에서처럼 폐지가격도 떨어집니다. 따라서 양의 측면에서도 가격 면에서도 행정회수는 민간회수업자에게 손실을 가져다줍니다. '민간회수업자는 휴지교환은 자유롭게 할 수 있다'는 것은 행정이 민간회수업자에게 손실을 끼치고 있는 것을 무시한 주장입니다.

주장 2: 주민으로부터의 진정에 따른 필요가 있다

세타가야 구는 '집어가기 행위에 대하여 주민으로부터 진정이 들어오기 때문에 그에 따르지 않을 수 없다', '구민은 구에서 회수했으면 하는 마음을 갖고 있다'고 주장합니다.

그러나 집어가기 행위에 진정을 하는 것은 구민이 한정된 정보밖에 갖고 있지 않기 때문입니다. 집어간 재생자원도 리사이클로 회수된다는 것, 집단회수라는 대체방법이 있다는 것, 행정회수가 민간 리사이클을 압박함과 동시에 세금의 낭비를 가져온다는 것 등이 충분히 정보로서 주어지면 구민의 반응은 달라질 것입니다.

세타가야 구의 주장은 구민에게 정보를 충분히 제공하지 않고 오히려 제한된 정보에 기초한 구민의 의견을 이용한 주장입니다.

주장 3: 시장원리에 맡기면 회수되지 않는 일도 일어나고 안정성도 상실된다

물론 시장원리에만 맡기면 시황에 따라 회수되지 않는 일도 생길 수 있습니다. 그러나 아라카와 구가 실시하고 있는 것처럼 마을회관 등과 계약을 맺은 회수업자에게 구가 보조금을 주도록 하면, 안정된 회수는 가능합니다.

행정이 민간 리사이클에 보조금을 줌으로써 리사이클이 가능하게 되면, 폐기물로서 처리할 필요가 없습니다. 따라서 행정이 처리비(덤프 피)를 넘지 않는 범위에서 보조금을 주는 데는 충분한 합리성이 있습니다. 그러한 보조금 제도를 '덤프 피의 도입'이라고 부릅니다만, 아라카와 구의 보조금 제도도 '덤프 피의 도입'에 해당하며, 그것에 의해 회수업자의 권리를 침해하는 일 없이 안정된 리사이클을 실현하는 것이 가능한 것입니다. 따라서 세타가야 구의 이 주장은 행정 리사이클의 근거가 되는 것은 결코 아닙니다. 그뿐 아니라 행정 리사이클은 그것이 내거는 공공 목적(시황에 좌우되지 않는 안정된 리사이클) 때문에 민간 리사이클을 압박하는 것입니다.

이상과 같이 행정 리사이클은 '시황에 좌우되지 않는 안정된 리사이클'이기 때문에([그림 4]에서 보여준 바처럼 공급곡선이 세로축에 평행하게 된다) 민간 리사이클을 압박하고 회수업자의 권리를 침해하는 것입니다. 따라서 행정은 행정 리사이클로부터 민간 리사이클(집단회수)로의 이행을 추진하는 것이 필요합니다.

집단회수의 확충은 커뮤니티의 재생·활성화를 촉진하고 고령화 사회 등의 다른 행정과제의 해결에도 연결되어 살기 좋은 지역사회의 형성에 기여하게 될 것입니다.

2. '확대생산자 책임' 도입에의 지향

'용기포장리사이클법'과 '가전리사이클법'의 뒤에 제정된 '자동차리사이클법'(2002년)에서는 리사이클 비용을 선불하는 방식으로 '확대생산자 책임'이 실현되고 있습니다. 또 '자원유효이용촉진법'

에 기초하여 2003년 10월부터 시작된 퍼스널 컴퓨터 리사이클 제도에서는 폐기 퍼스널 컴퓨터를 무료로 회수하는 것으로 '확대생산자 책임'이 실현되고 있습니다.[97]

'용기포장리사이클법'과 '가전리사이클법'에 '확대생산자 책임'을 도입하고 그것을 철저하게 하는 것이 일본의 순환형사회 만들기에서 중요한 과제입니다. 그런데 시행 후 10년을 기하여 행해진 '용기포장리사이클법'의 개정에서는 비용부담에 관해서는 시군구가 질 높은 분리수거를 한 경우 실제로 드는 리사이클 비용이 사업자가 부담한 예상 리사이클 비용보다 적어지기 때문에 양자의 차액을 사업자만이 아니라 시군구에도 돌려주는 제도가 도입된 것에 그쳐서 법 개정의 초점은 비닐봉투의 유료화로 되고 말았습니다. 초점 돌리기에 의한 본질 숨기기입니다.

바야흐로 시행 후 10년을 기하여 행해지고 있는 '가전리사이클법'의 개정에 있어서도 리사이클 비용의 후불 방식은 유지되게 되어 '확대생산자 책임'의 알맹이가 빠진 상태는 앞으로도 계속되게 되었습니다. 메이커에 의한 무료회수가 실현되고 있는 퍼스널 컴퓨터와 마찬가지로 메이커가 다수 존재하고 있는 데도 불구하고 가전에 관해서는 무료회수가 실현되지 않는 것입니다.

두 법의 개정에서 보이듯 산업계는 다양한 수법으로 '확대생산

---

[97] 자동차에서도 퍼스널 컴퓨터에서도 시행 시점 이전에 구입된 것에 관해서는 차량 점검 내지 폐기 시에 소비자가 리사이클 비용을 부담한다.

자 책임'을 회피하려고 하고 있습니다. 그중에서도 유력한 수법은 역할분담론입니다. '행정·기업·시민이 역할을 분담하여 리사이클 시스템을 만들 필요가 있다'는 논리로서 그에 편승하여 역할을 분담하고 있는 주체들에 비용부담의 대부분을 떠넘기고 있는 것이 '용기포장리사이클법'입니다. 중요한 것은 비용부담이며, '확대생산자 책임'인데도 말입니다. 포장 용기와 가전만이 아니라 음식물 쓰레기를 제외한[98] 모든 일반폐기물에서 관건은 '확대생산자 책임'에 있습니다. 역할분담론과 초점 돌리기 등에 현혹되지 말고 앞으로도 '확대생산자 책임'을 추구해 가는 것이 중요합니다.

3. 산업정책으로서의 순환형사회 만들기

국가는 '순환형사회형성 추진 기본법'에서 재사용, 재생이용, 열회수, 처분 순으로 우선순위를 규정했습니다. 게다가 발생억제Reduce, 재사용Reuse, 재생이용Recycle을 통하여 순환형사회를 구축한다는 취지의 '3R 이니셔티브'를 당당하게 내외에 호소하고 있습니다.

그런데 '용기포장리사이클법'의 시행 후, 회수 재사용한 병의 사용량은 1997년 400만 톤에서 2003년 192만 톤으로 감소 일로를

---

[98] 생산자가 인간(농민)이 아니고 광합성을 행하는 식물이나 동물이기 때문에 '확대생산자 책임'의 적용은 불가능하다.

걷고 있습니다. '용기포장리사이클법'에는 재사용을 우선시한다는 취지의 규정은 없기 때문입니다.

그렇다면 왜 '순환형사회형성 추진 기본법'에서의 우선순위 규정에도 불구하고 '용기포장리사이클법' 개정에서 재사용 우선의 규정이 포함되어 들어가지 않았던 것일까요?

그것은 일본의 순환형사회 만들기가 환경정책으로서보다도 오히려 산업정책의 일환으로서 리사이클 산업을 일으킬 목적으로 추진되고 있기 때문입니다. '용기포장리사이클법'의 구조는 예컨대 페트병으로부터 의복 내지 융단을 만드는 리사이클 산업에게 양질의 원료를 세금부담으로 제공해 주는 구조인 것입니다.

리사이클 산업에게는, 이미 유럽에서 충분한 실적이 있는 페트병의 재사용이 일본에서도 추진되면 원료의 공급량이 줄어들기 때문에 불편합니다. 페트병의 재사용에 관하여 일본에서는 식품위생법에 의한 규제 때문에 할 수 없다는 소리를 종종 듣습니다만, 그런 것은 아닙니다. 일본에서 실현되지 않고 있는 것은, 식품업계가 일본인의 청결지향 때문에 제품수요가 떨어질 것을 걱정하고 있기 때문입니다. 그러나 유럽에서는 페트병의 재사용은 미네랄워터와 청량음료수 등에 광범위하게 사용되며 충분한 실적을 가지고 있습니다.

페트병의 리사이클 문제만 보더라도 세금을 쏟아부어 리사이클 산업을 일으켜서 [대량생산—대량소비—대량폐기]의 구조를 만드는 대신에 [대량생산—대량소비—대량리사이클]의 구조를 만드는 것이 순환형사회 만들기의 목표라는 것을 알 수 있습니다.

4. 국내 순환으로부터 국제 순환으로

국가가 순환형사회 원년으로 자리매김한 2000년경부터 얄궂게도 재생자원의 다수(금속 부스러기, 플라스틱 부스러기, 폐지 등)가 해외, 특히 중국으로 수출되고 있습니다.

지금 그야말로 '세계의 공장'이 된 중국은 재생자원을 원료로 한 공업화를 추진하고 있고, 재생자원에 대한 왕성한 수요가 일어나고 있습니다. 다른 한편으로 일본에서는 여러 해 국내에 축적된 공업제품이 폐기됨으로써 대량의 재생자원이 발생하기 때문에 일본으로부터 중국으로의 재생자원의 수출이 왕성하게 된 것입니다. 또 일본에서 대량으로 발생하는 사용종료 제품의 다수도 해외로 수출되게 되었습니다.

그러한 사태에 대하여 '일본 국내 리사이클 산업이 육성되지 않고서는 자원가격 하락 등에 대응할 수 없다'는 지적[99]이 제기되고 있습니다.

---

[99] 2008년의 경제위기에 의해 중국이 폐지·페트병 등을 일본으로부터 받아들이지 않게 되어 일본에서는 페트병이 남는 현상이 보여졌는데, 2009년 1월의 '용기포장리사이클협회에의 위탁'의 추가입찰에 의해 잉여가 완화되었다. 추가입찰을 유연하게 행하여 철강업에서 받아들이게 하면 수출의 급감에도 대처할 수 있다고 생각된다.

그러나 그렇더라도 재생자원은 일본 국내에서만 소비되어야 하는 것일까요?

리사이클은 경제행위이며 재생자원과 사용종료 제품이 경제적으로 유리한 쪽으로 흘러가는 것을 막는 것은 곤란하고 또 경제적으로 낭비인 것입니다.

예컨대 오키나와 현 이시가키지마에서는 타이완이 훨씬 가까운데도 일본에 속한다고 해서 본토까지 운송하여 순환시키는 것은 경제적으로 낭비인 것이 명확합니다. 인위적·정치적으로 설정되어 있는 국경은 경제적인 합리성과는 관계가 없는 것입니다.

재생자원과 사용종료 제품을 해외로 수출하고, 국제적인 순환을 꾀하는 것은 결코 나쁜 일이 아닙니다. 그뿐 아니라 오늘의 일본의 생산—유통—소비의 실태를 보면, 생산거점이 중국 등으로 옮겨가고 거기서 생산된 제품이 대량으로 수입되고 있기 때문에 순환을 국내에서만 실현하는 것은 무리입니다. 더욱이 브라운관 텔레비전처럼 일본에서는 생산되지 않게 된 제품의 재생이용은 중국 등에서 행할 수밖에 없습니다.

오히려 국제적 순환을 시야에 넣고 있지 않는 일련의 '순환형사회 관련법'을 국제적 순환이 가능하도록 개정해야 합니다. '가전리사이클법'에서는 사용종료 가전제품을 해외로 수출하여 재사용하는 것을 고려하지 않고 있기 때문에 양판점에 의한 사용완료 가전제품의 해외 부정유출이 일어나서 자주 적발되고 있습니다.

환경부하를 고려하면 국내에서 재생이용 되는 것보다 해외에서 재사용되는 쪽이 좋기 때문에 환경의 측면에서도, 경제적 합리성의 측면에서도 부정유출을 금지하고 있는 '가전리사이클법'이야말로 개정해야 합니다. 다만 부적절하게 재생이용됨으로써 환경오염과 건강피해가 초래되고 있는 경우에는 상대국에 규제를 요구함과 아울러 기술제공 등을 함으로써 개선에 노력하는 등 수출국으로서의 의무를 다할 필요가 있을 것입니다.

제10장

생명이 경제를
제어한다

1. 생태계에서의 물질순환

생태계에서는 식물과 동물과 미생물 사이에 물질순환이 이루어
지고 있습니다.

식물은 태양에너지에 의해 무기물(주로 이산화탄소와 물)로부터
유기물(식물 자신)을 합성하고 동물은 식물을 먹고, 식물·동물의
유해와 분뇨는 미생물에 의해 무기물로 분해되어 다시 식물을 합
성하는 원료가 됩니다. 생태학에서는 식물을 생산자, 동물을 소비
자, 미생물을 분해자라고 부릅니다.

이 물질순환의 동력이 되고 있는 것은 태양에너지입니다. 식물
은 광합성에 의해 태양에너지를 유기물의 형태로 고정하고, 동물
은 식물을 먹음으로써, 미생물은 식물과 동물을 먹음으로써, 태양
에너지를 직접적으로 이용합니다. 태양에너지는 생물에게 전달되
어 그 활동원이 된 후 열이 되어 확산됩니다. 열은 확산되어 일을
할 수 없는 에너지가 되어 갑니다만, 태양에너지가 계속 쏟아지는

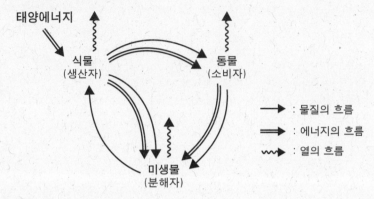

[그림 1] 생태계에서의 물질순환

태양에너지

식물
(생산자)

동물
(소비자)

미생물
(분해자)

⟶ : 물질의 흐름
⟹ : 에너지의 흐름
⟿ : 열의 흐름

한, 식물 ― 동물 ― 미생물 간의 물질순환은 무한히 반복됩니다.
즉 생태계는 물질순환과 태양 에너지에 의해 지속적으로 존재할
수 있는 것입니다([그림 1]).

2. 왜 순환형사회인가

삼림에서는 이러한 물질순환이 무한히 반복되고 있기 때문에
삼림은 지속적으로 계속 존재하며 거기서는 폐기물(쓰레기)이 발
생하지 않습니다.

그러나 농업에서는 작물을 경지 바깥으로 운반함으로써 물질순
환이 끊어집니다. 물질순환이 끊어진 채 작물생산이 계속되면 땅

속의 영양분이 고갈되어 갑니다. 그 때문에 농업을 지속시키는 데는 땅 속의 영양분을 보충하는 행위, 즉 시비施肥가 없어서는 안 됩니다.

인류는 각 지역에서 그 풍토와 문화에 따라 시비의 기법을 농법으로 고안해 왔습니다. 농업은 시비를 포함한 농법에 의해 물질순환을 성립시켜서 지속적으로 존재할 수 있는 것입니다.

다른 한편 공업은 장기간 생산→소비→폐기라는 한쪽 방향의 형태를 계속해 왔습니다. 순환하지 않는 한쪽 방향 형태의 공업이 지속적일 수는 없습니다. 그것은 반드시 한편으로는 자원고갈을, 다른 한편으로는 오염·폐기물을 버리는 장소가 가득 차게 된다는 환경용량의 문제를 일으킵니다. 지속적이기 위해서는 순환성을 지녀야 하는 것입니다.

1960년대 후반에 분출한 환경문제는 공장으로부터의 대기오염·수질오염이라는 공해문제이며, 자원과 환경용량의 문제는 아니었습니다. 제1장에서 본 것처럼 공해문제는 공해방지 기기에 의해 폐기물로 형태를 바꾸어 환경용량의 문제로 변질해 가게 되었습니다.

자원과 환경용량의 문제가 비로소 인식된 것은 1973년의 오일 쇼크 때였습니다. 그 인식을 보여주고 있는 대표적인 저작이 로마클럽[100]의 《성장의 한계》[101]입니다. 그러나 당시는 인식의 차원에만 머물러 그 인식에 기초한 대안의 제시까지는 도달하지 못했습니다.

또 1984년에 국제연합에 설치된 '환경과 개발에 관한 세계 위원회'(별칭 브룬트란트 위원회)가 "Our Common Future"(번역하면 〈지구의 미래를 지키기 위하여〉)로 제목을 단 최종 보고서(1987년 발행) 중에 '지속가능한 개발'Sustainable Development[102]이란 개념을 제창하여 이후 자원과 환경용량 문제를 해결하는 열쇠로서 '지속가능한 개발'과 '지속적 사회'라는 말이 자주 외쳐지게 되었습니다만, 아직 추상적인 개념의 수준을 벗어나지 못했습니다.

자원·환경용량 문제의 인식에 기초한 사회시스템의 구축은 폐기물을 버리는 장소가 가득 차게 된다는 문제에 직면하게 되고 또 1990년 전후에 분출한 지구환경문제를 거치면서 겨우 시작되었습니다. 그것이 1990년대 이래 유럽을 중심으로 전개되고 있는 순환형사회 만들기임에 틀림없습니다. 이러한 경위를 본다면, 순환형사회 만들기는 장기간 한쪽 방향의 형태를 계속해 온 공업이 겨우 생태계에서 배우기 시작한 움직임이라고 할 수 있습니다.

[그림 2]에서처럼 순환형사회에서는 생산에 수반되는 산업폐기물도, 소비 후의 일반폐기물도 분해자(리사이클 산업)에 의해 재생

---

[100] 로마 클럽: 1970년 3월에 스위스 법인으로서 설립된 민간조직으로, 과학자, 경제학자, 교육자, 경영자 등으로 구성된다. 심각해져 가는 천연자원의 고갈화, 환경오염의 진행, 개발도상국에서의 폭발적인 인구증가, 대규모의 군사적 파괴력의 위협 등에 의한 인류의 위기에 대하여 그 회피의 길을 모색하는 것을 목적으로 하여 설립되었다.

[101] 《성장의 한계》(오키타 사부로 감역, 다이아몬드사, 1972년)

[102] 지속가능한 개발: '장래 세대의 필요를 충족시킬 능력을 손상시키지 않고 오늘날 세대의 필요를 충족시키는 식의 개발'로 정의되고 있다.

[그림 2] 순환형사회에서의 물질순환

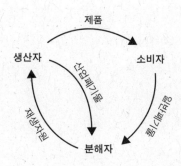

자원이 되어 다시 생산에 투입되는 순환이 성립합니다. 생산자-소비자- 분해자의 삼자 관계는 생태계에서의 삼자 관계와 완전히 같습니다.

3. 왜 저탄소 사회인가

생태계에서의 물질순환과 순환형사회에서의 물질순환의 큰 차이는 순환의 동력이 되는 에너지입니다.

생태계에서의 물질순환의 동력은 태양에너지이고, 태양에너지가 지구에 쏟아지는 한 물질순환이 지속되는 데 비하여 순환형사회에서는 에너지를 인위적으로 투입하지 않는 한 물질순환은 지속되지 않습니다. 그런데 인류에게는 에너지 측면에서도 제약이 가해지게 되었습니다. 지구온난화의 문제 말입니다.

지구온난화의 원인이 이산화탄소라는 데 대해서는 의문의 목소리도 있습니다. 1960년대까지는 오히려 지구의 한랭화가 문제였기 때문에 이산화탄소의 배출량에 따라 기온상승이 진행되어 왔다고 말할 수 없고, 의문의 목소리가 제기되는 것도 당연합니다. 그러나 국제정치상으로는 이산화탄소 원인설이 진실로 되어 앞으로 이산화탄소의 배출량에 제약이 가해지는 상황이 적어도 당분간은 계속될 모양입니다. 또 지구온난화의 원인 여하에 관계없이 화석연료는 유한한 자원이기 때문에 가능한 한 소중하게 사용함과 아울러 될 수 있는 대로 화석연료에 의존하지 않는 사회를 만들어 가는 것이 인류에게 부과된 과제임에는 틀림없습니다.

이러한 이유에서 '저탄소 사회의 구축' 필요성이 강조되고 있습니다. '저탄소 사회'란 이산화탄소의 배출량을 최소화하기 위한 배려가 철저히 된 사회인 것입니다.

'카본 뉴트럴' 내지 '카본 프리'[103]라는 말도 사용되고 있습니다. 예컨대 화석연료를 태우는 행위는 화석연료에 갇혀 있던 탄소가 이산화탄소가 되어 대기중으로 배출되기 때문에 카본 뉴트럴은 아닙니다. 이에 대하여 목재를 태우는 행위는 마찬가지로 이산화탄소를 대기중에 배출하면서도 다른 한편으로 같은 양의 이산화

---

[103] 카본 뉴트럴, 카본 프리: 카본은 탄소, 뉴트럴은 중립, 프리란 자유라는 의미. '카본 뉴트럴', '카본 프리'는 대기중의 이산화탄소량을 증감시키지 않는다는 의미

탄소를 흡수하는 식림植林을 수반하는 경우에는 카본 뉴트럴이 될 수 있습니다.

순환형사회를 만드는 데는 물질순환을 지속시키기 위한 에너지 투입만이 요구되고 어떠한 에너지원이냐 하는 것까지는 질문되지 않습니다만, 동시에 저탄소 사회를 목표로 하는 데는 투입하는 에너지를 화석연료로부터 카본 뉴트럴한 에너지원으로 전환해 가는 것이 필요하게 됩니다.

1997년 12월에 교토에서 개최된 '기후변동구조조약 제3회 체약국회의'COP3에서는 일본 정부의 주장에 기초하여 이산화탄소의 흡수·배출원으로서 1990년대 이후의 삼림면적의 증감에 수반하는 흡수분과 배출분을 산입하는 것이 인정되었습니다.

이에 대하여 '삼림은 온난화대책이 되지 않는다'는 비판이 있습니다. 나무는 성장함에 따라 이산화탄소를 흡수하면서도 말라서 완전히 썩어버릴 때 모아들인 탄소가 이산화탄소로 배출되기 때문에 결국 카본 뉴트럴이라는 비판입니다.

그러나 한 그루의 나무의 일생을 생각한 경우에는 확실히 카본 뉴트럴이며, 삼림면적이 일정한 경우에도 카본 뉴트럴입니다만, 삼림면적을 증가시킬 경우에는 그 증가분에 대응하여 대기중의 이산화탄소를 흡수하기 때문에 온난화대책이 되는 것입니다. 그러나 왜 삼림만을 고려하는 것일까요?

해초가 풍부한 해초 자생지는 '바다의 삼림'이라고 불리고 있습니다. 해초도 육상식물과 마찬가지로 광합성을 통하여 이산화탄소를 흡수하고 유기물을 생성하고 있습니다. 해초가 바닷속의 이산화탄소를 흡수하면 대기중의 이산화탄소가 바닷물 속으로 녹아들어가 대기중의 이산화탄소 농도가 낮아집니다. 따라서 해초 자생지의 면적을 증가시키는 것은 삼림면적을 증가시키는 것과 마찬가지로 온난화대책이 되는 것입니다.

온난화대책을 제창하는 국가와 광역자치단체가 다른 한편으로 해면 매립을 추진하는 일이 있습니다만, '바다의 삼림'의 감소가 전혀 고려되지 않는 것은 불가사의하다고 할 수밖에 없습니다.

이산화탄소의 흡수원은 식물만이 아닙니다. 앞의 [그림 1]에 보는 것처럼 대기중의 이산화탄소는 광합성에 의해 식물을 합성합니다만, 그 후 식물은 동물에게 먹히고 탄소는 식물로부터 동물에게로 옮겨갑니다. 그러므로 식물만이 아니라 동물도 또한 이산화탄소를 흡수하여 체내에 축적하게 되는 것입니다.

따라서 해면 매립에 따르는 이산화탄소의 배출에 관해서는 해조류 자생지의 소멸만이 아니라 조개류 등의 소멸도 계산에 넣어야 합니다. 더욱이 연안의 얕은 해역은 그곳에서의 광합성이 식물연쇄의 기점이기 때문에 어패류의 생산력의 근간에 해당되어 얕은 해역을 매립하면 어패류의 생산력이 현저하게 감소합니다. 정확하게는 그 점도 고려하여 해면 매립에 따른 생물량의 감소 전체를 산입해야 하는 것입니다. 육상이든 바닷속이든 또 식물이든 동물이든 지구상의 생물이 풍부하게 되면 될수록 그만큼 이산화탄소가 생물의 체내에 축적되어 온난화대책이 되는 것입니다.

저탄소 사회 만들기의 필요성 때문에 '이산화탄소를 배출하지 않는 원자력발전을 추진해야' 한다는 의견이 강해지고 있습니다. 온난화론의 배경에 원자력발전 추진세력이 존재하고 있다는 것은 온난화론이 등장하면서부터 지적되었던 것이며, 앞으로도 온난화 대책을 이유로 한 원자력발전 추진론은 계속 외쳐질 것입니다. 그러나 원자력발전은 이산화탄소는 배출하지 않지만, 방사성 폐기물의 배출이 불가피한 데다가 원자로 자체가 어차피 거대한 방사성 폐기물이 됩니다. 방사능은 생물과 공존할 수 없기 때문에 온난화를 피하기 위해 방사성 폐기물을 배출한다는 것은 어리석은 선택일 수밖에 없습니다.

저탄소 사회 만들기의 열쇠는 생물을 다양하고 풍성하게 하는 것입니다.

4. 산업사회의 논리가 생명을 위협한다

경제활동이라는 것은 본래 인간을 행복하게 하기 위해 있어야 합니다. 그런데 현대에는 과잉 생산력이 생물의 생존을 위협해 가고 있습니다. 비대해진 경제가 생명과 모순되어 대립되고 있습니다.

경제가 비대화해 온 배경에는 인간의 욕망이 있습니다. 보다 많은 것을 소비하고 싶다거나 혹은 쾌적함과 편리함을 추구하고 싶다는 욕망입니다. 그 욕망에 따라 생산력이 확대되고, 그것이 또 새로운 욕망을 자극하는 상호자극을 반복하여 경제가 비대화해 온 것입니다. 심지어는 욕망 그 자체가 기업에 의해 조작되어 계속해서 만들어지고 있습니다. 갈브레이스[104]는 그것을, 욕망 그 자체가 자본에 의존하고 있다는 의미에서 '의존효과'라고 부르는데, 의존효과로 욕망이 기업에 의해 계속 만들어져서 제공되기 때문에 욕망과 생산—소비라는 끝없는 '다람쥐 쳇바퀴 돌리기'가 계속됩니다. 소비를 통하여 만족을 얻는 것은 순간에 불과하고, 곧 새로운 결핍감에 휩싸여 또 새로운 것을 구하게 되고 맙니다.

그런데 그러한 경제의 비대화가 인간 생명력의 쇠퇴를 가져오게 되었습니다. 플라스틱과 농약이 환경호르몬으로서 생식을 위협하고, 항생물질과 항균물품의 범람으로 인간의 면역력이 떨어져 O-157이 유행한다는 식으로 신체적 생명력의 쇠퇴가 출현하여 왔습니다. 그것만이 아닙니다. 동시에 인간이 쾌적한 것·편리한 것에 지나치게 에워싸여 곤란에 맞서서 그것을 극복하려고 하는 모습의, 혹은 노고를 거듭하여 뭔가를 성취하려고 하는 모습의 정신적인 생명력도 쇠퇴해 왔습니다.

이러한 생명의 위기가 진행되고 있는 것에 관하여 이제까지 인류는 거의 대처하지 못하고 있습니다. 장기간 자본주의냐 사회주의냐로 싸워왔습니다만, 자본주의도 사회주의도 생산력을 높이는

104 존 케네스 갈브레이스: 캐나다 출신의 속칭 제도학파에 속하는 경제학자. 1908~2006년

데서의 경쟁을 해 왔을 뿐 어느 쪽도 생명의 위기에는 아무런 대응도 못하고 있습니다. 계속 생산력을 높여 산업을 일으켜 감으로써 인간이 행복하게 된다는 사고방식을 '산업사회의 논리'라고 부르도록 합시다. 현대에서 근본적으로 의심하여 돌아볼 필요가 있는 것은 이 '산업사회의 논리'인 것입니다.

이제까지의 사회는 '산업사회의 논리'에 기초하여 사회가 구축되어 왔습니다. 예컨대 농작물에 벌레가 붙어 있을 때 벌레는 나쁘다, 해충이다, 해충은 박멸해야 한다는 발상으로 농약을 사용해 온 것입니다. 그러나 과연 그것이 좋은 것이었을까요? 농약을 계속 사용하면 벌레에 내성이 생겨 농약이 점차 효과가 없어집니다. 그 때문에 점차 사용량을 늘린다든지 더 강력한 새로운 농약을 사용하지 않을 수 없게 되었습니다. 원래 현재 농약의 주류인 유기합성농약은 농업에 필요해 생산되기 시작한 것은 아닙니다. 그 기원은 제2차 세계대전 중에 화학병기로서의 독가스 제조에 있습니다. 전쟁 중에 생겨난 독가스 산업이 전쟁이 끝났을 때 새로운 수요개척을 위해 농약산업으로 전환한 것입니다. 사린 사건[105] 때 옴 진리교가 '사린이 아니라 농약을 만들고 있다'고 변명한 것도 양자의 구조식이 비슷했기 때문입니다. 마찬가지로 화학비료 또한 그 기원은 전쟁 중의 폭탄산업에 있습니다. 독가스 산업과 폭탄산

---

[105] 사린 사건: 1995년 3월 20일 도쿄 도심을 달리는 지하철 내에 맹독성 신경가스 사린이 뿌려져서 최종적으로 12명이 사망, 5,000명가량이 중경상을 입은 사건

업이 전쟁 후, 농업에서 새로운 수요를 구한 것입니다.

오늘날의 농약산업은 유전자 조작에까지 나아가서 자사自社의 농약을 뿌려도 말라죽지 않는 그런 품종(유전자 변형 작물)을 개발하여 농약과 유전자 변형작물의 종자를 세트로 한 판매를 추진하고 있습니다. 생산력 증대의 결과 축적된 과잉 자본이 부단히 새로운 수요개척을 필요로 하기 때문에 결국 이윤추구의 수단으로 생명까지 조작하기에 이르렀다고 할 수 있습니다.

농약은 그 기원에서 엿볼 수 있는 것처럼 꼭 필요한 것은 아닙니다. 벌레가 붙어 있어도 작물의 일부는 벌레에게 나누어 준다는 식의 사고방식에 기초하면 문제는 없습니다. 실제로 아이누 민족은 연어를 잡았을 때 그 일부를 곰 등의 동물을 위해 남겨 두는 관습이 있었던 것 같습니다. 그런 여유로운 사고를 할 수 있다면 농약을 사용할 필요는 전혀 없습니다.

여기 더욱 멋진 사고방식이 있습니다. 일본 국제볼런티어센터의 농업고문인 무라카미 신페이 씨는 작물에 벌레가 붙어 있으면 '자신의 농법의 미숙함을 벌레가 가르쳐 주고 있다'고 받아들여 농법을 더 다양하게 한다는 것입니다. 더 다양한 작물을 재배한다든지 혹은 오리를 사육하여 벌레를 오리에게 먹여 살찐 오리를 인간이 먹는다든지 하면 벌레로부터의 피해는 해결할 수 있습니다.

자연의 삼림에는 벌레가 붙지 않습니다. 식생의 구성이 다양하기 때문입니다. 농업에서도 단일작물로 한다든지 같은 작물을 연작한다든지 하여 단일성을 증가시키면 시킬수록 벌레가 붙기 쉽게 되고, 거꾸로 다양하게 하면 할수록 벌레는 붙지 않게 되는 것입니다. 벌레가 많이 발생하는 원인(단작 농업)은 인간이 만들고 있는 것입니다. 오리를 사육하는 것만으로도 '해충'은 '익충'으로 전환하는 것입니다. 그럼에도 불구하고 '산업사회의 논리'에서는 단일한 농업의 결과 발생한 벌레를 농약으로 죽여버리기 때문에 실로 죄가 무거운 행위라고 할 수밖에 없습니다. 원래 벌레에는 '익충'이나 '해충'이 있을 수 없습니다. '익충'이든 '해충'이든 제각기 최선을 다해 살고 있을 뿐입니다. '해충'이 나온다는 것은, 인간이 벌레를 해충으로 만들어버리는 그런 초라한 관계밖에 만들지 못하고 있다는 것입니다.

현대는, 아이누 민족과 무라카미 씨의 주의主義와는 정반대의 '산업사회의 논리'에 기초하여 달려온 결과 인간을 포함한 생물이 생존의 위기에 노출되게 된 시대입니다. 대량으로 사용되어 온 농약과 쾌적함·편리함을 위해 대량생산되어 온 플라스틱이 환경호르몬이 되어 생물의 존속을 위협하기 시작하고 있는 것은 그 상징입니다.

5. 인간의 정신도 위협받는다

위협받고 있는 것은 생물의 생존만은 아닙니다. 인간의 정신도 '산업사회의 논리'에 의해 위협받고 있습니다. 왜냐하면 '산업사회의 논리'는 생산력 증대에 어떻게 기여하는가에 따라 인간의 가치를 판단하기 때문입니다. 타인과 사회에의 공헌, 상호부조, 도의 있는 생활방식 등은 존중받지 못하고, 학교에서도 직장에서도 더 높은 수입을 구하는 끝없는 경쟁을 강요받고 있습니다.

20세기 말에 사회주의가 사실상 붕괴한 것이 '산업사회의 논리'에 더 박차를 가하게 만들었습니다. 사회주의 사회가 인류에게 행복을 가져다준다는 사상이 환상이었음은 지금에 와서는 명백하지만, 그렇더라도 사회주의 국가의 존재로 인해 자본주의 사회가 혁명을 회피하기 위하여 격차 확대를 억제함과 동시에 복지정책을 충실히 해 온 것은 틀림없습니다. 그러나 사회주의의 붕괴에 의해 자본주의는 약육강식의 본성을 드러내어 '신자유주의'[106] '시장원리주의'[107]라고 불리는 정책이 미국을 비롯하여 많은 나라에서 채택되었습니다. 일본에서의 비정규 사원의 급증과 빈부격차의 확대도 시장원리주의에 기초한 정책에 의해 초래된 결과입니다.

'산업사회의 논리'와 시장원리주의가 지배하는 사회에서는 인간이 기계부품처럼 취급되고 저임금으로, 또 누구로라도 대체될 수 있는 그런 노동에 종사하게 됩니다. 생산에 기여하는 것이 없어지거나 혹은 적어진 고령자나 신체가 부자유한 사람은 '후기 고령자

---

[106] 신자유주의: 국가에 의한 관리와 재량적 정책을 배제하고 가능한 한 시장의 조정기능에 문제를 맡기도록 하는 경제사상

[107] 시장원리주의: 전체를 시장에 맡기면 공평함과 번영이 약속되고 시장에 대한 어떠한 간섭도 사회적 행복의 감소로 이어진다는 사상적 입장

의료제도'와 '장애자 자립지원법'에서 보이는 것처럼 기피되고 거추장스러운 사람으로 취급받고 있습니다.

생산력 증대에 어떻게 기여하는지로 사람의 가치가 결정되는 그런 사회, 인간이 경제에 종속되는 식의 사회에서 인간이 행복해질 수는 없습니다. 위협받고, 파괴당하고, 살아갈 의미를 발견할 수 없는 인간의 정신은 때로는 폭발하고 맙니다. '대상은 누구라도 좋다'는 식의 무차별 살상사건의 빈번한 발생은 '산업사회의 논리'와 시장원리주의라는 병이 인간의 정신을 파괴하고 있는 증거입니다.

6. 산업사회로부터 생명사회로

현대사회가 강요받고 있는 최대의 과제는 '산업사회의 논리'를 대신하여 '생명사회의 논리'에 기초하여 사회를 재구축해 가는 것입니다. 인간과 자연과의 관계 및 인간과 인간의 관계를 재구축하고 생산력이 다소 떨어지게 되더라도 생물이 건강하게 살아갈 수 있는 그런 사회, 한 사람 한사람의 인간이 대체될 수 없는 존재로서 존중받는 그런 사회, 한 사람의 인간이 자신이 살아갈 의미를 발견해 낼 수 있는 사회를 창조해 가는 것입니다.

생산력을 떨어뜨려 감으로써 인간이 행복해질 가능성에 우리는 더욱 착안해야 한다고 생각합니다. PVC를 없애는 쪽이 행복해짐니다. 농약과 화학비료 범벅의 농업을 대신하여 유기농업과 자연농법을 추구한 쪽이 행복해집니다. 항균 제품과 살충제 등을 없앤 쪽이 행복해집니다.

지금까지의 생산력의 비대화가 말하자면 약으로 뒤범벅된 의료의 방향이었다면, 인간의 자연치유력·생명력을 높이는 방향으로 가야 합니다. 그 방향으로 생산력을 떨어뜨려 감으로써 보다 더 행복해지는 것입니다.

관점을 인간의 생명력으로부터 자연의 생명력으로 넓혀보면, 다른 것에도 갖가지 쓸데없는 생산이 있다는 것을 알 수 있습니다. 도심지에 물을 모아둘 궁리를 하지 않고 댐과 둑이 건설됩니다. 하천이 콘크리트 삼면 벽으로 굳혀져서 토양미생물과 생물에 의한 정화기능이 작동하지 않기 때문에 오수가 정화되지 않고 반복이용할 수 없는 채로 바다에까지 유입되고 맙니다. 소규모 분산형으로 또 저렴한 오수처리기술이 개발되어 있는데도 대규모의 하수도·하수처리장이 건설됩니다. 어느 것이든 자연의 생명력을 손상시키는 방향으로 생산이 행해지고 있습니다.

쓸데없는 생산이 확대되는 방향으로 나가버리는 것은 인간과 자연이 만들어내는 것을 인공으로 치환하는 것으로 산업이 생겨나기 때문입니다. 그리고 지금은 그러한 생산이 산업으로서 확립되어 있기 때문입니다. 이들 산업을 지탱하기 위해 쓸데없는 생산이 창출되고, 그것에 의해 더욱 산업이 비대화하고, 더욱 쓸데없는 생산이 필요해지고 하는 악순환이 반복되어 온 것입니다.

생산력을 높이는 것을 지상 목표로 했기 때문에 생겨난 컨베이어 벨트에 부속된 노동 같은, 인간의 존엄을 부정하는 그런 노동도 또한 생산력을 떨어뜨려 감으로써 없애야 합니다.[108]

생명의 관점에서 환경과 노동에 관한 기준을 만들고 그 기준에 기초하여 경제를 제어해 간다면 생물과 인간이 싱싱하게 살려지는 사회를 만드는 것은 가능합니다.

유럽에서는 '생명사회의 논리'에 기초한 사회의 재구축이 진행되고 있습니다. 순환형사회 만들기도 저탄소 사회 만들기도 그 일환으로 진행되고 있습니다.

다른 한편 일본에서의 순환형사회 만들기는 산업정책의 일환으로서 '산업사회의 논리'에 기초하여 진행되고 있습니다. 그 때문에 일본에서는 '확대생산자 책임'이 알맹이가 빠지게 됨과 동시에 확산형 리사이클에 의해 유해물질을 환경 중에 확산시키는 식의 순환형사회 만들기가 진행되고 있습니다. 저탄소 사회 만들기도 마찬가지이며, 그 때문에 원자력발전을 추진하는 식의 저탄소 사회 만들기가 진행되고 있습니다. 일본처럼 순환형사회 만들기와 저탄소 사회 만들기가 '산업사회의 논리'에 기초하여 진행되어서는 도리어 폐기물 문제와 온난화 문제를 심각하게 만드는 결과를 초

---

[108] 스웨덴의 자동차 회사인 볼보는 노동조건 개선을 위해 컨베이어 벨트 생산방식을 폐지하고 각 공정에 노동자 몇 명으로 이루어지는 작업 팀을 주체로 한 생산방식을 채택하고 있다. 노동자의 편한 자세에 맞추어 자동차의 방향이 이동한다든지 회전한다든지 하기 때문에 볼보의 노동자는 차 밑에 허리를 굽히고 들어가는 식의 비인간적인 노동을 할 필요는 없다.

래할 뿐입니다.

  '생명사회의 논리'에 기초하여 사회를 재구축하는 것, 생명의 관점에서 경제의 제어를 추진해 가는 것이야말로 폐기물 문제 및 온난화 문제를 해결해 가는 길일 뿐 아니라, 인간을 포함한 모든 생물이 행복하게 살아갈 수 있는가 아닌가 하는 문제의 열쇠를 쥐고 있는 것입니다.

필자가 쓰레기 문제에 관여하게 된 계기는 도쿄 만·오사카 만에 거대한 쓰레기 섬을 만들려고 한다는 운수성·후생성의 피닉스 계획(1981년)이었다.

당시를 떠올리면 현대의 쓰레기·리사이클 문제에 관한 인식은 격세지감이 있다. 당시 '리사이클'을 말하면 국가와 자치단체로부터 외면당했지만, 지금은 국가가 '순환형사회'와 '3R'을 부르짖게 되었다. 그러나 필자에게는 겉모양은 갖추어져 왔지만 쓰레기·리사이클 정책의 저류에 있는 이 국가의 체질은 조금도 변하지 않고 있다고 생각된다. 그 체질이란 인간과 환경보다도 산업과 경제성장을 우선시하는 체질이다.

메이지 유신으로부터 약 140년이 지났다. 구미 열강에 의한 식민지화의 공포에 휩싸인 당시는 식민지화를 면하기 위해서는 부국강병·식산흥업을 목표로 할 필요가 있었는지도 모른다. 그러나 세계 제2위의 경제대국이 된 지금, 당시 이식된 산업우선의 체질을 억지로 끌고 갈 필요는 전혀 없어졌다. 또 그러한 체질을 억지로 끌고 가서는 아무리 해도 국민이 행복해지지 않는다는 것은 세계 제2위의 경제대국이면서도 국민의 행복도 조사에서 항상 낮은 순위에 머물고 있는 것에서 알 수 있다.

그럼에도 불구하고 국가 및 산업계는 산업우선의 체질로부터 벗어나지 못하고 있다. 그뿐 아니라 그 체질은 고이즈미 개혁에 의한 시장원리주의의 도입으로 더욱 강화되어 많은 국민의 생존까지 위기에 빠지게 되었다.

이 책에서 지적한, 일본의 순환형사회 만들기가 '산업정책으로서의 순환형사회 만들기'이고, '산업사회의 논리'에 기초하여 진행되고 있다는 문제점의 근본원인도 끝까지 파헤쳐 보면 이 점에 있으며, 빈부격차 확대와 워킹 푸어의 격증, 약자 내팽개치기 등의 고용·빈곤문제와 뿌리는 같다.

필자는 피닉스 계획 이래, 이데 도시히코 씨(일본에서 최초의 분리수집 방식인 누마즈 방식에 노력한 전 누마즈 시장)로부터 배운, '쓰레기 문제는 처리할 일을 생각도 하지 않고 멋대로 생산을 계속하는 산업계와의 싸움의 장이다'는 관점에 기초하여 시민 측에 서서 쓰레기·리사이클 행정을 비판적으로 검토해 왔다. 이 책은 필자의 다른 책《쓰레기 행정은 어디가 잘못되었는가》(합동출판, 1999년), 《이것으로 알 수 있는 쓰레기 문제 Q & A》(합동출판, 2000년) 이래 약 10년간의 쓰레기·리사이클 행정의 전개를 근거로 하여 쓰레기·리사이클 행정을 비판적으로 검토한 것이다.

앞서 출간한 저서에 이어서 출판을 맡아주심과 아울러 원고를 공들여 전부 훑어보신 우에노 요시하루 사장, 모든 일의 준비를 해 주신 편집담당 사이토 아키코 씨에게 마음으로부터 인사를 올리고 싶다.

사적인 일로 넘어가서 죄송스럽지만, 이데 도시히코 씨가 2004년 2월에 서거했다. 피닉스 계획 이래 필자의 '쓰레기·리사이클 문제의 스승'이던 이데 도시히코 씨의 영전에 이 책을 바치고 싶다.

구마모토 가즈키